La piètre vision d'un aveugle

Devoir de conscience

Version 2

ATS'-SEKA II

La piètre vision d'un aveugle
Devoir de conscience
Version 2
Essai

LE LYS BLEU
ÉDITIONS

Dans la poursuite de son combat d'éveil des consciences du peuple Africain depuis Septembre deux mille vingt et un, amorcé par la première version de son œuvre de cent dix-neuf pages, intitulé la ''Piètre vision d'un aveugle'' paru à l'édition saint honoré ; aujourd'hui, l'auteur vous invite à prendre connaissance de la seconde version.

Ceci n'est pas un livre poli, c'est un livre brut et le choix des mots n'est pas innocent. Il n'est pas indispensable, et non plus sacré. Mais qu'il soit en vue d'être lu.

ATS'-SEKA II

Avant-propos

J'avoue être encore heureux avec celui que je voulais être parmi les animaux sur cette terre. Mais par moment, il semble impossible de rester insensible face aux moqueries et aux vilipendes que d'autres humains infligent à leurs semblables à travers le pouvoir dans ce monde dit contemporain et moderne.

Allons-nous continuer sans réaction à les voir chaque jour pousser la politique à trahir la Nation et leur Parti à tromper le peuple ? Ne croyant plus à leurs morales déjà hors-sols ; ils admettent que la science et l'argent seraient plus puissants que le maître créateur... Peut-on rester toujours museler et les laisser faire admettre au peuple cette théorie inhumaine, irrationnelle contraire aux valeurs morales ? Je ne peux le croire...

Parce que cette manière de faire blesse non seulement la conscience, et plonge la république dans le cortège de l'abîme et dans le chaos.

Le peuple souverain doit reprendre son pouvoir et le conjuguer à sa guise.

J'espère que vous prendriez autant de plaisir à lire *La piètre vision d'un aveugle*, que j'en ai pris pour l'écrire.

Maintenant, Prêtez-moi votre belle et séditieuse voix pour m'écouter…

ΛTS'-SEKΛ II

Le pouvoir du peuple

« La descente du pouvoir dans sa cavité »

Par moment, garder toujours le silence face à des faits dans lesquels l'on pense apercevoir une simple lueur, même palliative d'aménagement, peut être une complicité qui peut se traduire en culpabilité.

Depuis l'indépendance des différents pays de l'Afrique noire, les génocides, les tragédies, les morts et les tueries de masse ne sont liés qu'à une seule chose : la **conquête du pouvoir**.

À cet égard, j'appelle à éradiquer promptement ces fléaux et ces tueries cycliques liées à nos élections sont devenues de véritables sources d'instabilité qui fleurissent à travers nos pays et plongent le continent dans un réel balbutiement visible à travers son développement.

Je pense que cela doit nous interpeller tous : hommes, femmes, fils et filles de l'Afrique noire, particulièrement ceux qui se disent politiques. Faisons appel à notre propre conscience, soyons rationnels à notre égard. Au bas mot, qu'on ait pitié de soi même !

– Qu'on cesse de tergiverser devant ce vent cyclique dévastateur qui tue à travers chaque pays de notre continent ;

– Dépassons les clivages de l'ethnicité, de la religion et de tout ce qui est de nature à nous diviser ;

– Débarrassons-nous de tout ce qui nous différencie, rejetons tout ce qui peut nous affaiblir, cessons de flatter l'orgueil de la patrie et prenons place dans la force de la Nation. Il est à savoir que face aux intérêts supérieurs de la Nation et aux valeurs de la république, nous devrions être un bloc monolithique avant de faire allusion à nos faiblesses et différends quotidiens.

Toutes ces déroutes, tous ces déboires et perturbations demeurent parce que le pouvoir est non seulement exercé sans le peuple, mais n'est pas acquis de manière lucide depuis sa cavité de repos. Après son exercice pour un mandat présidentiel, le pouvoir doit de façon douce redescendre dans son orbite.

De là, il doit pouvoir rejaillir avec force sur celui qui en est l'incarnation. Oui, rejaillir sur celui qui le mérite aux yeux du peuple souverain, et de plein droit.

Aujourd'hui, on saisit le pouvoir par la peau du cou, puis on se le frotte sur le corps pour s'imprégner de son odeur. Et là, on croit à son incarnation et on pense pouvoir l'exercer convenablement.

En ces circonstances, son exercice devient un calvaire autant pour le peuple que pour le Président. Car, on arrive à la dérive autoritaire par cécité. C'est-à-dire un aveuglement sur ce qui est véritablement l'adhésion démocratique du peuple. Et là, l'autorité se résume à un gouvernement d'en haut. Or, la définition romaine de l'autorité ; c'est la capacité de se faire accepter et de faire accepter les décisions sans violences et sans argumentations à n'en point finir. En politique, il faut savoir conjuguer la rigueur et la morale. Car, l'autorité, c'est celui dont la parole a suffisamment de vérités, et profondément de forces pour qu'il ne soit pas obligé de faire appel à sa police.

C'est ce statut de l'autorité que Cicéron qualifie de plus grande des vêtues politiques.

Parce qu'on ne gouverne pas par la force. On gouverne parce qu'on a eu une autorité reconnue. Le pouvoir n'existe pas s'il n'y a pas de reconnaissance, et la reconnaissance de l'autorité c'est de pouvoir saisir la république et le peuple dans ses intérêts, dans ses passions et dans ses réalités.

Pourquoi sommes-nous perpétuellement dans les conflits ? Parce que l'expérience politique fait cruellement défaut. Car, de l'ombre du « dauphin » ou de papa, on est trôlé dans le fauteuil de la république sans la bénédiction du peuple, avec simplement l'odeur du pouvoir qui n'octroie pas forcément les connaissances adéquates qui permettent d'exercer la fonction. Ainsi, cette démocratie défaillante et blessée fait une personne qui n'est rien, ce lui qui devient tout.

La conséquence est le manque d'expérience, d'éléments de connaissances, et de vie sociale. Or, la connaissance et l'expérience enseignent une chose très importante : **la modestie**.

Le plus regrettable en ce genre de gouvernement est que, nous n'avons plus un état protecteur du peuple, mais plutôt un état protestant contre la volonté du peuple. Le comble est que pour asseoir son autorité illégitime, le pouvoir se sert de la perfidie, de la condescendance et de l'arrogance.

Ainsi, il accorde plus de place aux emprisonnements et aux meurtres, qu'à la justice. Oubliant qu'être président n'est pas une clause exonératoire face aux injustices infligées à la volonté du peuple.

La descente du pouvoir dans le peuple « son orbite ».

Oui, le pouvoir doit sans tarder reprendre dans son orbite après son exercice pour un mandat présidentiel donné. Car, son prêt par le peuple s'est vu muter en vol et confisqué dans les firmaments des politiques et les élites des nations.

Moi, je meurs en silence au vu de ces choses. Si cela nécessite de fléchir les genoux, volontiers j'obtempère. Seuls, ils oublient que :

Si haut, le pouvoir peut perdre son envol et risque la chute. Si haut, le pouvoir perd sa sobre et puissante autorité, et s'acquiert le totalitarisme. Si haut, le pouvoir devient compact et total.

Puis s'échappe, se désagrège et ne se retrouve nulle part. Totalitaire, il se retrouve partout, crée le chaos, et devient meurtrier. Car, sorti trop longtemps de sa cavité et monté plus haut qu'il ne le devrait ; puis lâché dans la précipitation…

Au plus bas, le pouvoir devient excitant et ne peut être maîtrisé. Au plus bas, le pouvoir éblouit, rend aveugle et porte à se croire supérieur. Au plus bas, le pouvoir devient excessif. De l'autre, il exige la soumission et l'infamie. Car, dans les mains de ceux qui ne l'attendaient guère. À même le sol, le pouvoir se tasse, se coagule, se durcit puis explose. Il ne se retrouve nulle part.

Évaporé, le pouvoir est désormais partout, à chaque coin de rue, dans les carrefours, les gares, sur toute l'étendue du territoire. Il devient meurtrier, tue, assassine, viole, et pille. Il ne reconnaît plus son maître (le peuple.) Car, très bas, les non-initiés ont eu accès à sa cavité et l'ont précipité dans l'abîme, la honte et la laideur.

En ce peu de mots, le constat est fait. La quiétude du peuple ne peut être établie et totale que lorsque le pouvoir sera incarné par une tierce personne depuis les mains du peuple souverain.

Ce qui fait dire que la politique est un conflit permanent et sans armes entre les politiques vrais. Et lorsque la politique descend dans le peuple, c'est le chaos assuré.

Moi j'ai eu un rêve. Parce que de temps à autre, il faut rendre visite à ce qui est invisible et demandé conseils. Cela peut faire souvent sens à son existence…

Moi, j'ai eu un rêve. Un rêve dans un monde sauvage.
– Un monde où probe, le pouvoir côtoie son maître (le peuple) et guide la république ;

– Un monde où espiègle, le pouvoir s'attable chaque jour avec son maître et communie à tout moment ;

– Un monde où suave, autoritaire et respectueux de ces valeurs, le pouvoir guide, vivifie, rend heureux et fait prospérer le peuple et la république.

Car, de sa loge et au consentement du peuple, il s'est incarné avec respect du plus méritant.

Un monde sauvage

Moi, j'ai eu un rêve. Un rêve dans un monde sauvage.

Oui, un rêve dans un monde bien sauvage où paix, respect du prochain, égalité, équité, respect des lois et préceptes que ce peuple s'est sécrétés servent de gouvernail absolu à la République.

Quelle merveille ! Oui, j'ai eu un rêve. J'ai vécu dans ce monde merveilleux. Il faudrait certes y être pour le croire et sentir les frictions et orgueils que procure ce lieu des simplistes. Par ces écrits, je veux avec vous partager mes pauvres observations et mes piètres remarques du système politique pratiqué à travers ce monde d'ailleurs, pour ne pas dire terrestre.

Néanmoins, je ne peux d'entre mes quatre murs ni écrire une constitution pour une nation donnée ni en apporter une quelconque modification et ne peux non plus influencer un gouvernement à travers mes écrits sur cette planète pour les simples raisons que :

Je n'en ai ni les connaissances requises ni les moyens influençables et non la capacité à faire admettre les failles.

Bien vrai qu'elles soient aussi visibles et grosses comme une tête entre deux épaules.

Aux temps jadis où nous étions dans la réalité, on a tout fait dans ce monde sans se mentir. On s'est fait des guerres, on a vendu ces semblables, les réduits en esclaves, conquérir d'autres peuples et leurs biens, piller les terres des plus faibles…

Mais toutes ces atrocités sont faites à la lumière du grand jour, à visage découvert et aux yeux du monde.

Aujourd'hui, nous sommes dans le dogmatisme.

La réalité est éclipsée par le dogme. En vérité, je préfère une erreur commune à une vérité mal appréciée et difficilement partagée. En ces siècles, nous vivons dans l'utopie totale. Nous baignons dans de purs mensonges, dans les pires oppressions et vols ; à tel point qu'effleurer le réel devient offusquant, vexant, et se voit comme une levée de lièvres.

Même pour se faire la guerre qui se voit à l'œil nu, on se ment. Avait dit au cours d'un entretien le polémiste autrichien du nom de Karl Kraus, qui a beaucoup écrit dans la fin des années 1920 et 1930. « La guerre ne commence que quand les politiciens mentent aux journalistes, et se mettent à croire ce qu'ils lisent dans les journaux. »

… Chose merveilleuse est que dans le monde des sauvages de l'autre côté de la planète, je crois qu'ils ont tout compris.

– Ils ont compris que l'on ne pouvait continuer à obtenir de leurs mains le pain de la république et les laisser continuer à végéter chaque jour de leur vie, et heureux de les voir croupis dans la misère comme coupables de leur sort, or la république est le rêve commun ;

– Ils ont compris que l'on ne peut continuer à bafouiller les préceptes de régulation de la société qu'ils ont accouchée de leur propre chef, de leurs propres efforts pendant des jours et nuits de travail assidu. Travail induisant d'intenses réflexions de masturbation neuronale, épuisante et prétendument républicain ;

– Ils ont surtout compris que l'on ne pouvait continuer à exercer le pouvoir du peuple à sa guise, à n'apporter aucun plus au quotidien à la population et penser à pouvoir bénéficier des retombées de la république au soir de leurs vieux jours.

Pourtant au terme d'un médiocre mandat ou de néfastes services rendus, ils prétendent avoir tous les privilèges de la nation aux mêmes degrés que celle ou celui qui aurait avec loyauté, responsabilité, honnêteté, et noblesse, restauré l'image de la nation et son contenu. En ce sens, ne pouvons-nous pas nous poser la simple question de la compétence de nos gouvernants ? Ou de leur manière à nous gouverner ? Oui, en cela tout n'est pas dire, à commencer par le premier élu du peuple, face aux droits et devoirs du peuple.

Le représentant du peuple

Le député

Pour ce monde sauvage, voici un devoir qui dans sa substance propre oblige le prétendu candidat à s'imprégner dans sa population. Car, être au plus près de celle-ci permettra de pouvoir mieux : l'écouter, l'observer, relever les manquements les plus nécessaires, et les urgences.

Armé de ces données, il parviendra à élaborer ou émettre des propositions de loi répondant aux préoccupations du peuple souverain. Chose qui est malheureusement loin d'être le cas dans certaines contrées africaines du monde réel dites civilisées, contemporaines et modernes. Comment peut-on vouloir représenter, soutenir et défendre une tierce personne dans sa lutte, sans avoir pris la moindre connaissance de l'état de ses besoins et de ses réelles préoccupations ?

Or, lorsqu'on se décide à solliciter des suffrages du peuple pour le représenter et que finalement par excès de confiance la sollicitation est honorée, et qu'on entre finalement dans ce majestueux hémicycle pour se mettre au travail, et au service du peuple qui vous y a envoyé, on pourrait simplement s'interroger comment fait-on en si peu de temps pour oublier et échapper à la figure tutélaire qu'on pensait incarner face au peuple ?

Voici donc des actes qui portent à réfléchir à l'endroit de ce qui est dit réel et normal en Afrique noire.

Dans le primitif bien sauvage, aucun prétendu candidat pour n'importe quelle élection n'est parachuté avec des liasses de billets de banque et des sacs de riz, pour convaincre.

Ces inconscients primitifs candidats ont la sale habitude de s'affronter par des programmes sociétaux et projets d'intérêts généraux.

En campagne électorale, ils n'ont pas non plus besoin de sillonner rues et ruelles de toute la contrée avec de gros 4x4 loués au bord desquels on apercevrait d'innocents jeunes embobinés et conquis à leurs causes qu'ils revêtent de tee-shirts estampillés à l'effigie du candidat.

Parce que ce candidat, depuis lors auprès du peuple, incarne les actes de bien-être, ses intentions et prétentions sont connues.

L'intérêt du peuple est son cheval de bataille, son visage et son nom sont connus et reconnus de tous, sa personne leur est familière. Jamais il ne leur vomira de beaux discours creux, et souvent appris par cœur. Il ne peut non plus leur tenir des promesses qui apaisent les cœurs et adoucissent les tympans. Méthode non républicaine, acte d'incivilité pour ces incivilisés.

Pour la simple raison qu'il ne peut obtenir des mains des peuples le Pain de la nation, et disparaître à jamais de leurs vies pour des années durant. Il ne peut les oublier dans leur misère habituelle, qui finalement deviendrait pour eux la norme. Il ne peut s'absenter si longtemps du champ de vision de sa population, au point que son image sorte de la mémoire de son électorat ; et que son souvenir ne se fasse pas par le biais d'un tee-shirt abandonné sur les épaules d'un jeune, au dos ou au-devant duquel est plaquée son effigie. Signe d'irresponsable, acte de trahison bien condamnable dans ce monde de sauvages.

En Afrique noire, méthode jugée classique, normale, acceptée et même appréciée de tous.

L'élu de la commune : le maire

Le Maire est la première personnalité de sa commune. Il en est l'administrateur central. Il reçoit les subventions de la république, perçoit les taxes des places publiques : marchés, stationnements de véhicule, taxe aux droits de circulation de voitures, stationnement de taxis. Il gère les terres de sa commune, réhabilite et réaménage les voies communales. Tout ce qui a trait aux biens de la commune est sous sa responsabilité et à sa charge.

En occident, le Maire a toujours élu domicile dans sa commune. Il y est souvent natif, donc connu depuis l'enfance par bon nombre d'anciens de la commune. En Afrique noire, chose très peu réelle pour ne pas dire impossible. Là-bas, les élus des communes en faubourg des capitales n'ont jamais passé de nuits ou très rarement, dans les villes dont ils se disent administrateurs. Parce que dans ces communes-là, il ne fait pas bon vivre. Pour cause d'insalubrité débordante, ville envahie d'anophèles, rue couverte en partie d'eau stagnante, voies piétonnes boueuses, ouverture béante de caniveau d'évacuation, servant de dépotoir.

En cela, l'élu voit sa vie perpétuellement inconfortable. Mais face à ce chaos, au moindre exercice professionnel précaire dans ces conditions abominables et piteuses, les contribuables se voient assaillis de taxes journalières.

À défaut de payement, leurs marchandises sont saisies.

En cela, on peut penser que dorénavant, il serait mieux que tout candidat à la mairie d'une commune soit en premier lieu, celui qui aurait établi demeure dans ladite commune, et cela depuis au moins cinq ans. Article 1er à affranchir avant toute candidature.

Mais dans la civilisation terrestre bien moderne, vu que la pensée n'a pas d'histoire ; vite, les malversations s'oublient et l'on pense qu'un savoir détenu serait aussi synonyme de pouvoir apporter des résolutions à tout manquement dans la société.

Et que ceux qui ont été à l'école de la république pour décider de nos avenirs et donner des directives à nos nations, sont toujours aptes et détiennent encore la science infuse et incarnent profondément des vertus.

De leur point de vue, se disant des incontournables élites de la nation ; ils ne perçoivent guère que beaucoup parmi les populations observent avec netteté leurs défaillances notoires, leur immobilisme flagrant face aux urgences et toutes les actions inappropriées et contre-productives qu'ils prolifèrent dans la vie de chaque citoyen du territoire.

À ce stade, on peut se demander s'ils ne sont pas les premiers responsables de nos misères. Ne font-ils pas partie eux-mêmes des causes qui handicapent nos sociétés ?

Comme disait le philosophe Paul Thiry d'Holbach dans son Essai sur les préjugés : « Si des nations entières sont aveugles, corrompues, déraisonnables, ce n'est qu'à la perversité de leurs gouvernements et de leurs institutions que ces malheurs sont dus. Si l'on considère avec attention la funeste chaîne des erreurs et des vices qui affligent l'humanité, on verra qu'elle part de l'Autel et du Trône. »

Il va plus loin en ajoutant que : « Rien de plus étonnant que les systèmes ingénieux que l'on a de tout temps imaginés pour tromper les hommes et pour leur persuader qu'ils n'étaient point

faits pour être heureux en ce monde ; que d'artifices pour les forcer de plier sous la plus affreuse oppression, et pour les mettre en garde contre la raison et la vérité. »

Aujourd'hui, laisser ces personnes-là seules à continuer de décider pour nous serait leur permettre de décider à leur avantage, donc à notre détriment. Option non loyale et non républicaine.

Option qui dépouille le citoyen de son intrinsèque, de son premier devoir et de sa raison d'être.

À ces observations, les sauvages ont pensé à réorganiser autrement leur vie sociétale. Vite, le peuple reprend son pouvoir et ses droits. Car, il sait qu'il est le seul souverain, le seul détenteur de tout pouvoir et le seul maître de la nation. Parce que toute loi que le peuple n'a pas votée est illégitime et nulle. Donc elle ne peut être appliquée.

À cet effet, il se donne le devoir de choisir ses élus et dirigeants. Choix qui n'est autre que, la manière d'attribuer et d'exercer le pouvoir. Le pouvoir se donne sous l'acceptation de programmes bien élaborés en commun accord avec le peuple, ou par les soins du peuple. Pour ce peuple, élire son représentant auprès des institutions de la république est la plus noble des choses. Parce que, tout peuple des nations qui aspire à la prospérité et prône la providence, doit pouvoir élire ses gouvernants à cœur joie.

Mais, l'élire sans lui donner le devoir à accomplir serait le parachuter dans le néant à son détriment. L'élire sans une feuille de route émanant de ces besoins serait de ne se donner aucune importance face à ce dernier. Car, nul ne peut être choisi sans mettre sa confiance, ses compétences et ses capacités d'action en évidence.

Pour mieux et bien agir à l'unanimité, ces sauvages eurent une réflexion plus que primitive ; une réflexion plus vieille que le monde. Élaborer un lieu de réflexion dans chaque commune centrale. Autrement dit, dans chaque sous-préfecture dans le mode réel chez les modernistes. Lieu baptisé : « Collège des Sages »

Chose qui peut faire office d'organisation organogène des sociétés de l'Afrique noire. Aujourd'hui, ce qui frappe cruellement et est le plus criant dans nos sociétés, est l'exclusion totale du peuple souverain qui est décisionnaire à la prise de toute décision pour la république. Cette absence permet à la politique de faire de la nation son marchepied, et aux gouvernements d'ignorer ces devoirs vis-à-vis de leurs engagements…

Le collège des sages

Ce collège des sages qui sonne comme l'arrière-base de l'assemblée de la république est la plus petite institution de l'état déployée à travers le pays, et qui siège dans les communes centrales : les sous-préfectures.

Ça pourrait être une décentralisation partielle de l'Assemblée nationale. Ce mini-parlement de la république est coiffé par un doyen et un adjoint, et a pour base comme membres siégeant : trois représentants de chaque agglomération composant la sous-préfecture.
À savoir :
– Un sage (homme ou femme) ;
– Un intellectuel, et un de la jeune génération.
Pour ne souffrir d'aucune illégitimité, ces représentants de base sont choisis par vote au sein de leur propre commune. Seuls(e)s le doyen ou la doyenne et leur adjoint proposés par la chefferie de leur propre commune, sont choisis et validés par vote sur toute l'étendue de la sous-préfecture après campagne électorale. Pour éviter toute égalité de voix lors de grands choix pour la nation, le nombre de Collèges des Sages doit être impair.

Les devoirs du Collège

Cette chambre a pour devoir de :

– D'égrainer les besoins immédiats et les manques profonds de tout ce qui a trait au bien-être du peuple, et les projets à venir. Pour les besoins naturels dits imminents, élaborer des objectifs clairs, puis en émettre quelques propositions. Ainsi, dans les grandes villes dites chefs-lieux, tenir l'assemblée générale appuyée des élus (députés). Les différentes suggestions des communes centrales sont alors, travaillées, affinées, synthétisées, pour être portées comme projet de loi pour la république.

Pour les projets à long terme, établir un calendrier de résolution échelonné sur des années pour mieux les incruster dans les programmes des candidats à la magistrature suprême. Ne rien faire face aux besoins du peuple, c'est de créer le vide mortel.

– De recevoir avant quatre mois du lancement de la campagne présidentielle, le programme de chaque candidat. Ainsi, de manière crue, tous les programmes sont portés à la connaissance de chaque citoyen de la nation. De là, une première appréciation et un choix peuvent être apportés.

En cas de contenu identique de deux programmes, un vote de sélection s'imposera. À ce choix, avec ou sans son élu député, la chambre travaille ce programme au parfum des besoins du peuple : (Analyses, retranchement, rajouts des besoins urgents, et synthèse finale.) Le programme ainsi modifié est alors reproposé à son auteur qui, de son droit le plus absolu, peut l'admettre comme le rejeter. En cas de rejet, le second programme est traité, et aussi porté à l'appréciation de son auteur.

Le candidat qui accepterait son programme modifié, serait celui retenu par ce collège.

– De porter dans l'Urne le bulletin portant le nom du candidat que son peuple aurait choisi et validé par les soins de son doyen ou de son adjoint ;

– De veiller en étroite collaboration avec l'Assemblée du peuple, l'application stricte du programme qui aurait porté le candidat à la magistrature suprême. Manière qui évite des bilans creux et manipulés.

– En symbiose avec la Cour des comptes, de pouvoir égrainer les actions liées au développement de la république et au bien-être du peuple. Puis, en affecter des notations et des coefficients numéraires.

Ces données qui, au terme de l'exercice d'un mandat, permettront à la Cour des comptes d'évaluer les droits de l'ex-président vis-à-vis de la république. Car, les avantages en retraite doivent être à la dimension des services rendus à la république.

(On en aura à parler)

Toujours, avec l'Assemblée du peuple, de pouvoir fixer la durée du mandat présidentiel à sept ans, avec une possibilité de rallonge de trois ans. Mandat qui est entrecoupé d'un bilan de mi-mandat, après sept ans d'exercice.

En cas de non-satisfaction, le président de l'Assemblée le substitue et dispose de trois mois pour une nouvelle élection. Dans le cas contraire, le Président de la République poursuivra son mandat qui se verra crédité de trois ans si son programme reste inachevé. Au cas où le programme serait épuisé sur la durée des sept ans d'exercice, il lui appartient de se soustraire du fauteuil, ou de vouloir mener d'autres actions sur la durée des trois ans qui lui sont redevables.

En revanche, les actions à mener devront être préinscrites dans le programme initial. Voici donc une manière qui ne présente que de réels et multiples avantages :

– Méthode de nature à pouvoir se mettre réellement au travail pour la république ;
– Manière bien sincère à confirmer le respect de nos règles, aussi bien que la crainte du peuple souverain ;
– Méthode à produire un véritable travail avec un réel bilan aux yeux de tous, et au respect des deniers publics ;
– Méthode de nature à permettre d'effectuer une fois deux mandats de cinq ans, sans organiser de nouvelles élections avec des campagnes à battre. Seuls les résultats du mi-mandat d'exercice anticipent ou prolongent le mandat.

Mini-mandat dont les bulletins ne sont frappés que de oui et de non.

Quelles que soient les compétences et les performances du Président de la République, aucune durée d'un mandant ne peut être supérieure à dix ans… Et pourquoi ? (On en parlera aussi)

Cette chambre a pour devoir :

Toujours en connivence étroite avec la Cour des comptes, ces chambres ont pour devoir d'imposer la limite stricte des dépenses lors de toutes les campagnes électorales. La campagne budgétivore doit être maîtrisée à l'origine. De ce fait, chaque candidat est appelé à ouvrir un compte bancaire dédié uniquement à cet effet. Compte à usage unique et à obligation de fermeture après la campagne. Le budget fixé par le code électoral y est déposé quarante-cinq (45) jours avant le lancement de la campagne, et le bordereau de dépôt est mis à la disposition de la Cour des comptes, ou à la Haute Cour de contrôle. Ce qui permettra un contrôle facile et évitera les fausses factures. Toute la campagne doit se faire à armes égales. Aucun soutien financier excessif et matériel ne doit provenir d'une connaissance externe. Parce que la campagne électorale n'a pas pour objet de dénigrer ces adversaires.

Seuls, la pertinence d'idée et les combats de projets contre projets sont permis. Le Collège veille au strict respect entre les candidats et ne tolère aucune forme d'agressivité.

Elle a pour rôle d'être le premier garant de stabilité avec l'Assemblée du peuple. Ces deux institutions qui, en outre, forment un corps, sont seules habilitées à détenir le titre de chef suprême des forces armées de la République. (On en aura à développer)

Naissance et/ou liste électorale

La NAISSANCE, mot qui induit la reconstitution de toute entité, les prémices de toute chose et de toute vie dans l'univers. Manière dont chaque organe aussi moral que physique prend corps et forme dans le visible.

Humains que nous sommes, vivant dans une société politisée et basée sur l'organisationnel, on ne peut longtemps dissocier cette reconstitution de notre espèce qui est l'émanation de la liste électorale de la République.

À ma piètre connaissance du premier mandat présidentiel de François Mitterrand jusqu'à monsieur Emmanuel Macron à ce jour, période de mon séjour dans ce pays. Jamais l'on n'a entendu parler de liste électorale, à plus forte raison son actualisation et encore moins sa contestation ! « Peut-être qu'il n'en possède pas ! »

Comment font-ils alors ? Mais, les élections s'organisent, se tiennent et n'ont jamais connu la moindre contestation.

Bien sûr qu'il existe bel et bien des listes électorales. Sauf que la mise à jour est sobrement cadrée par la loi de la république. Donc acceptée, respectée et validée par tous.

En Afrique noire, l'actualisation du contenu de cette liste est la première souche conflictuelle de nos élections. En particulier, pour l'élection présidentielle.

Comme toujours, nous occultons les bonnes méthodes du maître. L'une ici, qui consiste à actualiser la liste électorale dès les premières heures de naissance du futur électeur.

Oublieux de ce noble et simple principe, nous l'avions substitué à un fait dit d'enrôlement comme si ces électeurs venaient d'être parachutés en surprise et répandus çà et là sur l'étendue du territoire national. Notre petit cerveau a oublié que c'est par cette naissance que toute organisation, réorganisation et toutes les réformes de la société commencent par le constat des taux de natalité. Chez le maître, depuis à l'état embryonnaire, tout se prépare, tout s'établit.

– Peu après la naissance, la pièce d'Identité et le passeport peuvent être établis à la Mairie de la commune et de manière gratuite. Premier acte d'inscription provisoire sur la liste électorale ;

– Les places à la crèche sont évaluées et construites en provision des naissances, de même que dans les établissements de lycées et collèges, les places sont adaptées à cet effet ;

– À l'âge de dix-huit ans, sans aucune demande de sa part, le jeune fraîchement majeur reçoit chez lui sa carte d'électeur.

– Acte de sa confirmation sur la liste électorale. Voici comment de manière limpide, les choses sont simplement et naturellement bien faites. Chez ces personnes-là, toute vie qui arrive sur terre est encadrée, entretenue, gérée jusqu'à la mort. Même le chien à un cimetière.

Au décès confirmé, le nom est simplement extirpé de la liste électorale. A-t-on besoin de sortir d'un établissement Polytechnique afin de pouvoir mettre une telle organisation en œuvre ! Dommage qu'après plusieurs dizaines d'années soi-disant après » l'indépendance », que ce système archaïque d'enrôlement soit encore à l'ordre du jour, et nous y sommes accrochés à cœur joie et que nous continuions de célébrer dans ces temps modernes dotés d'informatique et d'intelligence artificielles, si ce n'est pas par manque de volonté politique.

Dans les lycées et collèges, les classes ont été, et sont toujours aussi bourrées plus qu'elles ne le peuvent toujours par manque de volonté politique. Mais, les électeurs qui vous sont chers (négligés à la naissance) devraient faire l'objet d'une attention particulière ! Ne pas pouvoir copier et appliquer convenablement cette noble méthode du maître dit tout de nous ; reflète la paresse et la grande négligence visible, voire une faute morale. Ou, à moins d'avoir le plaisir de vouloir toujours s'engluer dans la tricherie et les querelles ! Ou d'être des adeptes d'actes combinatoires !

Élection présidentielle par le Collège des Sages

Être la première personnalité dans le monde sauvage n'est pas de tout repos. Car, tout n'est pas facilement prouvé, et tout n'est pas facilement donné non plus.

Option diamétralement opposée chez nos amis humains d'Afrique noire dits normaux et intelligents, qui pratiquent la démocratie dite moderne. De ma part, je suis indigné face à leur manière de faire. Façon dite civilisée, mais privée de tout civisme.

Nul ne peut nier que là-bas, la campagne est plus que budgétivore. Aucun plafond de dépense n'est fixé. Très souvent, le parti en exercice du pouvoir a une large longueur d'avance. L'argent du peuple et le budget de campagne sont sans limites. L'arsenal de communication de la République bascule en privé pour la majorité sortante, et souvent les opposants n'y ont pas droit.

Non, pardon et milles excuses. Elle n'est jamais sortante le parti au pouvoir. Puisque le président battant campagne est toujours aux affaires sans rendre sa démission ni présenter le moindre bilan de son exercice antérieur.

Réseaux sociaux, médias, dessous de table, monopole de tous moyens de communication, affiches grandes pubs, les leurs sont disponibles d'avance.

L'élection présidentielle en Afrique noire est devenue une véritable source conflictuelle, au point de créer des divisions même au sein de la cellule familiale.

Combien de perte en vies humaines peut-on dénombrer à travers ce continent suite à cet évènement qui aurait pu être festif ? Mais voilà qu'il est pour nous un moyen de s'autodétruire. Et pourquoi ? (Nous verrons les causes plus loin.)

Les préliminaires

Chez les primitifs, tout Président à sa propre succession démissionne. Aucun candidat ne doit tenir un levier quelconque de la république pour donner l'ordre à une force quelconque de mener des actions à son profit. Ils partent tous à la conquête du pouvoir comme simple citoyen.

Chose qui évite tout affrontement de nature à faire basculer le pays dans une guerre civile. Ils ont su que tout bien sur le territoire national, qu'il soit privé ou public, est d'abord le fruit de la nation et reste l'essence vitale de l'économie. À ce titre, et à ce titre seulement, la folie des grandeurs et le gâchis sont circonscrits et encadrés par les institutions pour toute campagne électorale.

Faire campagne, oui, mais non aux moyens de l'État. Auquel cas, de manière modérée et équitable pour tous les candidats. Comme dit plus haut, de l'amorce à la fin de la campagne, tout doit se faire à arme égal. Aucun soutien financier excessif et matériel ne doit provenir de l'étranger. Car une campagne ne peut permettre de dénigrer ces adversaires : Injures, atteinte à la vie privée, offenses, et comportement violent des sympathisants peuvent faire l'objet d'annulation d'une candidature.

Tous les candidats doivent avoir le libre accès et de façon pacifique à toutes les agglomérations de la république. L'entrave peut elle aussi entraîner l'annulation d'une candidature.

Seuls sont permis : la pertinence des idées et les combats de projets politiques et sociétaux…

Le vote

En terre des ignares, la première préoccupation et le devoir de tout citoyen sont de veiller à la stabilité pérenne de l'état, de préserver au mieux les vies humaines. Cause pour laquelle le pouvoir est attribué de façon saine par le peuple. Toujours dans le souci de la transparence et du respect des lois, le choix du leader suprême se fait en moins de vingt-quatre heures, aux oreilles et aux yeux de tous.

Voici le déroulement :

Voilà que dans le giron de l'Assemblée du Peuple, sous les projecteurs des caméras du monde, sous les oreilles des microphones et émetteurs de la terre, aux vues des objectifs des iPhone et smartphones, sous l'œil vigilant des téléviseurs, et en présence des observateurs internationaux (facultatifs), arrivent et se réunissent, tous les doyens des collèges des Sages.

Ayant tous en tête le candidat préalablement choisi au sein de leur propre collège respectif. Ils viennent pour confirmer le choix de leur peuple. Sur le perchoir de l'Assemblée nationale est déposée une grosse urne avec ses quatre côtés bien transparents. Comme en classe primaire, sur un tableau sont écrits les noms des candidats. Assis aux premiers rangs, les candidats à la magistrature suprême attendent munis de leur discours.

À l'appel du nom de chaque doyen par le président de l'Assemblée du Peuple, celui-ci arrive, se saisit des bulletins mis à disposition et rentre dans l'isoloir. Il en ressort et glisse le choix de son collège dans l'urne.

Pour éviter toute suspicion ou tout manquement à la vue de sa base, le doyen du collège peut prendre uniquement le bulletin du candidat validé par son collège.

Ainsi de suite, jusqu'au dernier doyen des collèges. En si peu de temps, la séance de vote prend fin.

Puis, vient le dépouillement. Toujours aux yeux de tous, à l'appel d'un nom sur un bulletin, un trait est porté au tableau sous le nom prononcé du candidat. Ainsi de suite jusqu'au dernier bulletin. De manière claire, sincère, propre et transparente, le Président de la République est ainsi proclamé élu aux yeux et oreilles de tous, et prononce son discours de remerciement. De même, tous les candidats malheureux sont obligés de prononcer leurs discours reconnaissant la victoire de l'adversaire et le féliciter aux yeux du peuple. Ainsi, dans une atmosphère festive, l'élection présidentielle s'achève.

Cette option évite :

– Des dépenses de milliards de francs, souvent sollicités qui deviennent des dettes sous d'autres formes ;

– La multiplicité des urnes et leurs convois à travers le pays vers la capitale qui subissent des bourrages en chemins ;

– L'impression de dizaines de milliers de bulletins de vote ;

– Les abstentions de personnes votantes qui tendent à rendre le taux de participations négligeable, d'où non crédible ;

– Les compilations et comptages qui créent des tensions ;

– Des résultats qui mettent des jours, voire des semaines à être connus, et qui sont contestés par l'opposition, criant aux fraudes ;

– Des formations de gouvernements parallèles sous des revendications ;

– Toute ingérence extérieure. Car, rien n'est connu d'avance ;

– Manière qui extirpe toute action de combines de la C.E.I.

Ce sulfureux organe qui niche tant de conflits.

(On va en parler)

Ces points précités ne présentent que des avantages.

Seule la diaspora pourra toujours continuer à faire usage de vote par bulletin à voie unique. Par conséquent, le résultat de chaque bureau de vote sera considéré comme celui d'un Collège des Sages.

– À cette option d'organiser l'élection présidentielle par le Collège des sages, une seconde option est aussi bien envisageable. « Celle de la méthode rotative ».

Élection présidentielle par rotation

En théorie de rotation, il faut voir le non-empiétement sur l'ordre préétabli. La rotation est l'exclusion pure et simple de l'affrontement et de la concurrence. Elle est de nature à mettre en adéquation et de façon harmonieuse : Paix, ordre et respect des choses en cohabitation profonde et stable.

Un seul exemple pour l'étayer dans notre vie de chaque jour : « la queue effectuée à la caisse du supermarché pour payer son article ou affranchir son courrier à la poste. » En ces conditions, l'on n'a qu'un seul objectif. Attendre patiemment ou impatiemment son tour, quel que soit le manque de temps pour ses préoccupations et obligations à venir.

Cela étant, je crois profondément que cette rotation où chacun à son tour doit faire l'objet d'exploitation à des fins électorales dans nos pays exposés à des conflits, voire des guerres civiles post ou préélectorales récurrents.

Processus qui me semble aisé et assez simple à partir de la division du territoire national en quatre ou cinq grandes régions qui, dans ces conditions, feront office ou prendront forme de parti politique interne au sein desquelles chacun choisira son futur président de la République par des primaires entre les cadres et même préparer son futur gouvernement.

Ces gouvernements attendront avec patience et sagesse leur tour pour exercer le pouvoir du peuple. La durée de mandant étant cette fois fixée à sept ans.

Les devoirs

– Exercer le pouvoir de manière égalitaire sur toute l'étendue du territoire, et maintenir les biens publics en état d'usage ;

– Développer en priorité et de façon profonde la région dont le gouvernement est issu, et dans tous les domaines possibles. Au terme de ce mandat, il convient que cette région n'aura accès aux affaires de l'État qu'après que les quatre autres régions auront à leur tour exercé le pouvoir du peuple.

Pour faciliter la maintenance des infrastructures dans chaque région, il faut faire appel à la vieille théorie du Président fondateur Félix Houphouët : réinstaller les antennes de Travaux publics entre deux régions proches, sous la responsabilité du conseil régional.

En voici une autre manière d'acquérir le pouvoir, qui, elle aussi, extirpe tout conflit et impose un réel travail de rehausse du pays. Elle évite également les dépenses inutiles de campagnes, et les actes conflictuels comme ceux déjà cités.

L'exercice du pouvoir
Mes pleurs éternels

Comme dit plus haut : « Le pouvoir doit sans tarder rejoindre son orbite. » Car, son prêt par le peuple s'est vu muté en vol et confisqué dans les firmaments des politiques et des élites de la nation. En effet, tout peuple des Nations croit qu'à partir d'une connaissance détenue, laisse à penser que gouverner oblige en premier lieu :

– De pouvoir nourrir, abreuver sainement sa population, et acquérir sa confiance. Car, le peuple a davantage soif d'actes réels, que du verbiage ;

– De chercher à améliorer le quotidien du plus vulnérable de sa population, et rehausser ainsi celle de la classe moyenne ;

– Gouverner, c'est d'œuvrer à satisfaire le peuple de sa génération, et planifier le futur de la Nation pour un avenir meilleur ;

– Gouverner, c'est savoir offrir une sécurité rassurante en toute chose à sa population et en être fier ! C'est aussi une manière de jeter les bases d'une bonne morale aux futurs gouvernants.

Je n'ai pas le monopole du peuple, mais si tel n'est pas le cas, alors partez incessamment et n'embêtez plus les peuples davantage. Comme l'a énoncé Rousseau : « ceux qui voudront traiter séparément la politique et la morale n'entendront jamais rien à aucune des deux. »

En ces temps modernes avec ces outils numériques, rien ne peut nous échapper. Mais, voilà qu'en Afrique noire, nous observons et vivons encore des « Républico - Royaume ».

Le père règne comme un Lion sans partage du pouvoir, et y meurt. Vite, c'est le fils qui prend sa succession ou on le force à installer soi-disant son dauphin comme si l'opinion du peuple ne comptait pas. Et là, on promet le changement avec les mêmes têtes mutées à des postes différents ou un changement de quelques personnes à son gré. On repratique les mêmes choses pour reprendre les mêmes vomissures du passé. On se sert de la même méthode pour mieux emprunter les mêmes vieilles ornières à des fins personnelles. Ainsi, on poursuit les mêmes actions, pour récolter les mêmes échecs en pratiquant les mêmes sourdes oreilles par rapport aux besoins du peuple.

Dès qu'une voix s'élève pour la moindre dénonciation, elle est habillée de déstabilisatrice et trôlée derrière les barreaux. Avec la conscience hors-sol, ils ignorent que cette manière de faire blesse la pensée...

Comme le dit l'autre : l'homme est un loup pour l'homme à l'état naturel, l'homme est un Dieu pour l'homme à l'état civil.

On pense écraser l'opposition comme une vermine, mais elle renaît comme une maladie incurable. Ils oublient que l'homme n'est libre que parmi les hommes libres.

Dès que la fin du mandat se fait sentir, on s'entête à trifouiller des articles de la constitution pour coûte que coûte se maintenir dans le fauteuil de la république. On s'éternise au pouvoir au point que le palais de la république devient la propriété privée d'une famille. De la république, on glisse au royaume sans honte, sans gêne et sans conscience ; oubliant pourquoi l'on se retrouve en ces lieux. Ils ignorent que face à ces moments festifs qu'ils jubilent au sommet des états, l'opulence qu'ils s'octroient au détriment du peuple, l'injustice qu'ils leur infligent, les discours creux et mensongers qui en résultent, créditent que seule la justice transcendante aura un jour le verdict. Et que les piétinements et la honte qu'ils font subir à la vérité ne sont que des ressorts sur lesquels cette noble vertu s'appuiera pour merveilleusement éclater avec vigueur sous le soleil luisant.

Car, à l'ombre et dans le fumier de ces injures et mensonges, germe au grand jour de flamboyantes vérités qui mettront ces auteurs à nu face au monde.

On peut croire qu'avec ces voyous politiques, les mots n'ont plus d'âme. Avec ces irrévérencieux personnages, nous sommes en permanence abreuvés de discours dont les mots et les phrases sont falsifiés de sens, donc perdent tout crédit. Ils nous racontent des balivernes, ils nous mentent, ils savent qu'ils mentent, ils savent que nous savions qu'ils nous mentent, mais ils continuent de nous mentir. Ils sont ainsi tous de tout bord politique ; drapés de cette image dont ils ne peuvent pas se dévêtir. Mentir à visage découvert à leur peuple et leur âme de vivre, oubliant que le maître à qui ils copient tout ne peut envisager et n'envisagera jamais de la sorte. Même de façon calfeutrée…

De là, ils sont soit neutralisés par d'autres moyens, soit vilipendés et délogés par la force du peuple pour mourir en exil dans des lieux auparavant jugés impropre. « Car, l'assesseur du maître n'admet pas à son bord des personnages en fin d'exploitations, dépassés, fanés et épuisé. » Acte qui, souvent, plonge le pays dans un chaos de plusieurs années de régression. En ces conditions, l'historicité de la république ne peut que les maintenir dans la poubelle de la Nation.

Face à ces constats qui suscitent une douleur aux mille visages, la République ne peut que prendre des mesures adéquates que beaucoup de sensibles ou non avertis peuvent juger inhumaines, frustrantes, ou même cruelles.

Il faut garder à l'esprit que quiconque baigne dans l'impunité étant donné sa position d'influence, a accès à tous les leviers des instances de la république et peut par son bon vouloir décider de votre devenir sans contre poids, ne peut qu'en entraver les règles en sa convenance. Même convaincu qu'il soit en souffrance de manque de légitimité…

Le temps est venu de se demander la prospérité de l'Afrique noire en matière de sa liberté et de son développement depuis l'accession de soi-disant à son « indépendance » avec le régime présidentiel ! On peut dire très médiocre pour ne pas dire rien. Cause pour laquelle nous devrions changer de régime. Passer du présidentiel au régime parlementaire, et même partiellement décentraliser en « Collège des Sages ».

Pour la simple raison, que nous formions une république promise aux partages et que nous sommes souvent, et même très souvent, gouvernés sans foi ni loi…

En vérité, peut être président, seul celui que le plaisir matériel n'attire plus, qui n'est plus l'esclave de ces désirs personnels, seul celui qui a proscrit en lui tout esprit de possession et d'orgueil, qui s'est dédouané de la tyrannie de l'ego, seul celui qui peut connaître la sincérité et la sérénité parfaite, est le seul digne et capable de conduire, et bien conduire un peuple en Afrique noire.

Les dons

En effet, dans le dictionnaire, le mot « don » est défini comme suit.

Se dit don, ce qui est donné comme cadeau, donc l'acte d'un bienfaiteur. Le fait de se dévouer entièrement cherchant avant tout une conquête. Au bas mot, celui qui donne pour acheter l'opinion ou la conscience de l'opposition. Clairement, voici ce qui s'apprend de ce mot.

Le don et la Première dame occidentale

Au vu des préoccupations aux problèmes du peuple par son époux, le Président ; la Première Dame occidentale ne peut rester sans action et inconnue du public.

Ainsi, elles sont dévouées à mener des combats ou poser des actes humanitaires à travers un organisme associatif dit : « Organisme non gouvernemental. » (ONG). Là, elles apportent quelques assistances ponctuelles aux plus nécessiteux. Actions qui leur permettent d'être en étroite collaboration avec la population et aussi par lesquels elles prennent facilement la parole devant les médias et le peuple.

Chose merveilleuse et remarquable est qu'au vu de la vigilance du peuple occidental, de la liberté d'expression, la liberté de porter critiques et revendications à toute personne directement ou indirectement liée à la politique, qu'on oblige le strict respect des lois et règlements de la république. Manière qui d'ailleurs, fonde le ciment entre les dirigeants et les dirigés.

Ces mouvements associatifs de Première Dame sont par moment et de façon lucide subventionnés soit par des legs ou des dons, par des personnes de bonnes volontés ou par des entreprises entièrement privées.

Parfois, aux yeux de tous, certaines se mettent à la mendicité au vu d'acquérir de manière limpide et par leurs propres efforts des fonds pour leurs actions. On a encore souvenir de madame Bernadette Chirac avec de jeunes personnes munies de petits gobelets aux abords des carrefours et des routes pour quémander les pièces jaunes. Première Dame qui fait tendre des coupelles aux passants pour mener des actions humanitaires !

Chose décrédibilisant et impensable en Afrique noire.

Le don et la Première dame africaine

En terre africaine, voici une appellation qui sonne comme un privilège total. Aussi soucieuses face au dénuement total de la basse couche de la population, nos honorables premières dames poussées par l'instinct de mère, se voient obligées de prouver leur tendresse de cœur et se rendent utiles auprès du peuple. Toujours l'esprit entièrement figé dans la copie de l'autre, elles s'octroient comme premier titre : « Présidente d'Organisme non gouvernemental. » (ONG)

La seule différence est que la provenance des finances des actions menées laisse de grosses et beaucoup d'interrogations. Car, officiellement elles n'ont de salaire nulle part, elles n'ont jamais remercié un donateur non plus. Elles n'ont jamais tendu ou faire tendre des coupelles aux abords et aux carrefours des routes.

En revanche, elles ne tardent pas à faire des dons de plusieurs milliers de francs ; souvent accompagnés de biens matériels. Chose malheureusement remarquée est que cette manière de soutenir la population en détresse n'est pas propre à nos premières dames. Parce qu'en moment de sinistre, ce thème n'est pas absent des discours des porte-paroles de nos chefs d'État, aussi bien que de nos ministres. Cette manière de qualifier l'apport d'assistance à sa population semble bien indigne, et ne relève pas de la franchise.

Appliquée par les premières dames, cela semble peu choquant. Mais venant de l'exercice du pouvoir, ça semble se moquer et duper le peuple. Parce que, jamais un déblocage officiel de fonds public ne peut avoir une telle connotation.

On pourrait se demander quand ferons-nous officiellement usage de nos impôts ? À moins qu'ils soient confondus aux salaires ou que ces fonds proviennent d'ailleurs ! Acte qui laisse croire qu'occuper le fauteuil de la république donne le droit de détenir, et à titre privé, tous les biens de la Nation.

En vérité, ce thème ne peut être évoqué pour un bien fait, que par des personnes particulières ou par des structures privées.

Toutes ces méthodes et qualifications biaisées n'ont qu'un seul objectif. Nous pousser à faire valider leur gentillesse. Manière qui ressemble fort à un théâtre de cruauté !

De laisser les situations se décomposer, et revenir en seigneur de « dons » de par nos propres impôts ; reste très indigne. Là aussi, il y a matière à travailler.

La Cour des comptes et sa Haute Autorité de Contrôle

Oui, la Cour des comptes par son organe de « Haute Autorité de contrôle » peut y remédier. Elle doit vite prendre ses responsabilités et assumer des rôles déterminants dans la gestion des finances publiques dans ces pays où tout semble être permis.

La Haute Autorité de Contrôle peut à travers ces experts égrainer si possible toutes sortes de catastrophes qui puissent exister, aussi naturelles qu'humaines. Puis, les pallier et y affecter des coefficients numéraires d'assistance ou de soutien qui doivent être connus et reconnus de toutes et de tous.

Ainsi, pour tout soutien, les populations auront une nette visibilité et sauront que le droit est respecté. Il serait aussi convenable que toute activité associative de la première dame reçoive de manière loyale et judicieuse, un budget officiel voté et validé connu de tous, avec une comptabilité lucide en fin de mandat de l'époux Président.

Le plagiat aveugle
Conséquence du mimétisme

Comme je l'avais annoncé plus haut, l'élection présidentielle censée être festive s'est vu pousser en Afrique noire à être une véritable source conflictuelle, au point de susciter des divisions au sein de la cellule familiale. Combien de perte en vie humaine peut-on dénombrer à travers ce continent suite à cet évènement qui, aurait pu être source de joie ! Mais, voilà qu'il est pour nous, un moyen de s'autodétruire. Et pourquoi ?

À mon humble vision, en voici les causes :
– La manière dont nos élections présidentielles sont organisées présente des avantages peu notables en matière de sécurité, de sincérité, de fiabilité, et de franchise.
– Sa large ouverture héritée de l'occident fait qu'elle abrite de nombreux points conflictuels : Bourrage d'urne, manipulation, corruption, intervention extérieure, etc.

Tout ceci pour la simple raison d'avoir copié le modèle occidental sans avoir apporté, ni une touche personnelle, ni une valeur africaine, ni une amélioration vis-à-vis de nos manières, ni de nos propres états d'esprit, et non plus de nos mœurs. Nous avons certainement oublié qu'il faut toujours avoir la différence de l'idée d'une chose, et de ce que l'on peut faire de cette chose. L'élection présidentielle en terre africaine est largement ouverte comme celle de l'Europe.

– Sauf que dans ces pays européens, cette ouverture qui fait office de transparence est protégée et bien encadrée par la loi.

Ce qui confirme sa fiabilité et sa sincérité totale.

Personne ne peut tenter de vouloir bourrer les urnes, chercher à menacer, à influencer, à manipuler, et à corrompre un électeur. Aucune force et aucune puissance extérieure ne peut facilement s'y intégrer.

Chose contraire en Afrique noire où cette large ouverture héritée de l'occident laisse de flagrantes manipulations de l'intérieur comme de l'extérieur, à tel point que le candidat voulu par l'autre se donne parfois des ailes aux yeux de tous.

Car, convaincu de sa victoire, quel que soit le choix du peuple. De même, cette ouverture laisse apercevoir le fond des choses, et dès que la balance tend à assombrir l'horizon de quelques autres peuples bien loin de là ou à entraver des intérêts de certains ; depuis l'autre côté de l'océan, les machines de tripatouille se mettent en branle et des ordres douteux enveloppés de fortes pressions assaillent « l'indésirable. »

Et là, le peuple se retrouve face au contraire de son choix. C'est la naissance des conflits et tueries dont nous ignorons tous la fin. Raison pour laquelle nous devrions éviter de nous faire l'ombre de nous-mêmes et vouloir toujours faire comme l'autre dans tous les sens.

Sans haine et sans révolte au cœur, j'ai dû dédain. Je suis indigné face aux comportements et attitudes obséquieux que couvrent et veulent faire accepter au peuple certains leaders de l'Afrique noire. À haute voix, je verbalise celles et ceux qui jettent l'Afrique en pâture et rament à contre sens du bien-être de son peuple.

Oui, je suis meurtri dans ma chair. Cette manière de nature à se soumettre avilit la république et nous attribue l'infériorité totale que beaucoup acceptent bien volontiers. Mais hélas, c'est chose normale et compréhensive. Nous acceptions tout d'eux. Même la simple manière d'organiser nos propres sociétés n'est autre chose que de les calquer.

Loin du racisme, de la xénophobie et de toute forme de rejet de l'autre qui puisse exister. On peut se demander si la couleur de peau des occidentaux était le vecteur influant qui imposa l'acceptation de tout acte, de toute action et de toute réflexion émanant d'eux ; sans se poser la moindre question ? Facilement, nous oublions que la couleur n'est qu'une coloration et une différence entre le vide et l'existentiel. Et qu'en aucun cas, elle ne signifie une quelconque supériorité, et qu'elle ne peut ni confirmer une intelligence ni réduire l'autre à son ombre ou le priver de ces synapses neuronales.

Pour être soit même, je crois qu'il faut affectueusement détester les idéaux de l'autre pour permettre aux nôtres de prendre leur envol personnel. L'envol qui leur est propre et digne de nos natures. Aussi réfléchis et intelligents qu'on puisse dire qu'ils sont, moi je me réserve face à ces allégations. Oui, j'observe une profonde réserve, pour les simples raisons que :

– De par leur intelligence, eux qui construisent des bateaux qui font trois fois plus de prises de poissons que la nature ne peut en produire ;

– De même, dans leur turbulence infinie, eux qui mettent au point et entretiennent une arme aussi hautement destructrice que meurtrière, avec ses conséquences plus que désastreuses ne peuvent m'enchanter à les qualifier d'intelligents. À moins de confirmer l'intelligence nuisible !

Ça ne serait-il pas synonyme de se bâtir sa belle cité, et de la faire garder par des fauves hautement imprévisibles et incontrôlés dont on ne maîtrise guère la colère à la place des chiens ! Et ceci dans l'unique intention de dissuader les fauteurs de troubles. Puisqu'il ne s'agit que de dissuader. En conscience humaine dotée de bon sens et saint d'esprit, nul ne peut envisager une telle dissuasion si ce ne sont pas des personnes imbibées d'intelligence nuisible.

Arme de dissuasion : voici le sobriquet de ce monstre. Cette bombe apocalyptique qui aujourd'hui encore présente de graves séquelles dans la vie des peuples auxquels elle est appliquée par le passé ; et qui tend à être conquérir par d'autres républiques est tapis dans les quatre coins de la planète nous guette tous dans sa patience infinie avec son haut degré de nuisance.

On pouvait se demander ceux que ça dissuade ? Car, selon plusieurs accords entre eux, plus jamais ils ne se tireront dessus.

Et d'ailleurs, ils en possèdent tous. Cette dissuasion serait finalement destinée à l'Afrique noire. Elle qui, frileuse, se livre en tout temps et en tout lieu sans état d'âme serait profondément la dissuadée...

S'injecter ce qui est de médiocre en soi et se précipiter sur celle qui est mieux chez l'autre pour s'en approprier et la taillée à sa convenance, ne peut que relever de la maturité et de l'intelligence parfaite. En aucun cas, cela ne reflète l'infériorité, la paresse, et la grande négligence. En revanche, pratiquer le copier-coller, affirmerait l'immobilisme et l'irréfléchi confirmé. Sachons que la copie d'idées de l'autre sans une touche personnelle extirpe tout crédit en soi, et crée une promiscuité totale.

D'où les nombreuses guerres postélectorales chez nous.

Ces personnes ont en elles des choses que nous ignorons. En eux, ils ont la confiance en toute action et en toutes réactions. Ils trouvent, en eux, la sincérité en tout propos et en toute entreprise. Ils respectent scrupuleusement les règles et préceptes qu'ils se sont octroyés pour leur vivre ensemble.

Ces hommes-là sont en disposition permanente de leur peuple, s'inquiètent à tout point de leur bien-être au point de mener des débats dans l'hémicycle de l'assemblée du peuple pour des piqûres de punaises de lits. Fléau qui est purement et simplement la norme chez nous.

Ces personnes-là sont parfaitement différentes et diamétralement opposées en tout point de nous. Avec fierté, ils parlent de leur pays, le construisent, l'entretiennent, participent activement à son économie et à son développement.

Nous, en revanche ; nous ne sommes fiers de nos pays que sur les bouts des lèvres. Car nos actes démontrent le contraire. Nous, nous cherchons à tirer le maximum de notre pays à des fins personnelles. Ces hommes-là cherchent et trouvent des solutions définitives à leurs préoccupations majeures. Nous, face à nos problèmes, nous pratiquons la politique du pangolin. Au mieux, nous cherchons des méthodes provisoires, des manières métastables pour des choses importantes et essentielles de notre existence.

Sortons donc du mimétisme que nous pratiquons, sortons de ce plagiat aveugle. Oui, je le dis haut et fort. Sortons de ces copies. Nous copions trop et copions mal. Si cela était un ensorcellement, il faudrait être vite exorcisé et se procurer un vade-mecum pour se guider.

Les méthodes copiées sont-elles moins factices par rapport aux nôtres que nous laissons mourir ? Je ne peux le croire.

La profondeur de nos égarements et les manquements aux respects de nos valeurs semblent m'anesthésier la mémoire, au point de ne plus savoir quoi écrire pour conscientiser. Mais rassurez-vous, je veux penser, méditer, réfléchir, jusqu'à l'épuisement total de ma réserve d'énergie en ce sens pour faire savoir ces choses sur lesquelles nous tournons les regards, et dire ce qui nous alourdir la langue.

Nous agissons comme si l'on ne pouvait pas faire valoir la dignité de nos peuples par nos propres passés, et nos propres pensées. Je ne crois pas qu'il nous appartienne de mendier les méthodes et savoirs de l'autre pour guider nos peuples ! Cette manière dilue et inhibe profondément nos civilisations et nos cultures.

Mon étonnement est que, là où la copie s'avère plus que nécessaire, nous l'ignorons, nous l'occultons, nous la négligeons. On fait semblant de ne pas le voir par manque de volonté politique, par manque de compétence et par excès de paresse.

Continent basé sur l'agriculture, pour ne pas dire pays agricoles, chaque président prône le retour à la terre de la jeunesse. Là, nous sommes tous conscients que chaque soir, rien ne pouvait se retrouver dans nos assiettes que le fruit du cultivateur et la viande du berger. Mais aucun regard compensatoire et aucun respect à l'endroit de ce monde qui nous nourrit.

Dans les administrations, ils sont les proies faciles à escroquer. On ne tarde pas à les faire savoir ou les traiter de paysans comme si être paysan était commettre un crime. On oublie qu'ils sont les plus méritants, ils sont ceux que l'on doit encourager et à qui l'on doit rendre le plus honneur.

À leur détriment, on occulte de copier le salon de l'agriculture comme le fait le maître.

Rien en ce sens pour booster le planteur, pour valoriser le cultivateur et ses services, pour créer une concurrence saine et vitale pour notre propre sécurité alimentaire. Le travail de la terre aussi pénible que l'on ne peut le penser, a tant besoin d'innovations pour attirer et motiver la jeunesse, et de pouvoir continuer cette noble tâche qui nous est tous indispensable. Créer des prix dans ce corps de métier, même de faibles récompenses, peut s'avérer porteur et encourageant. Ce que fait l'éternel maître de l'autre côté de l'océan.

Afrique noire, synonyme de terres fertiles et de germe facile de toutes cultures, nous voici traversés par des crises de pénuries alimentaires. Et là encore, frappé par sa conscience, c'est encore le maître qui depuis les airs nous procure des boîtes de conserve en phase de péremption. Croyant naïvement à une bonne action. Chose qui est au détriment de notre santé. Pitoyables que nous sommes. La paresse, la fainéantise, le manque de conscience et d'entente en peuple d'Afrique noire, l'absence d'innovation nous aveugle et fait le bonheur de l'autre…

Nous occultons les bonnes manières du Maître. La copie de son courage, de sa réflexion profonde des choses, de sa finesse de voir, de sa détermination face à tout problème. Nous occultons sa façon de faire chaque chose, nous occultons donc notre propre prise en charge.

La durée du mandat présidentiel

Comme je l'avais mentionné plus haut, quelles que soient les compétences et les performances du Président de la République, aucune durée d'un mandat présidentiel ne peut être supérieure à dix ans. Et pourquoi ?

Pour les simples raisons que voici :

Il faut dire qu'en conscience réveillée, un mandant présidentiel est une période bien déterminée pour une mission spécifique donnée, qui n'est autre que le programme de campagne. Il est donc loin d'être une mission ou un contrat à durée indéterminée.

– Parce que gouverner a pour premier devoir d'offrir des conditions d'existences décentes au peuple présent de sa génération, et de pouvoir planifier l'avenir de la république ;

– Parce qu'il me semble très difficile de pouvoir gouverner convenablement un peuple dont l'écart d'âge entre le gouvernant et la moyenne d'âge des gouvernés soit d'un demi-siècle.

Dans ces conditions, la perception des choses serait biaisée, voire diamétralement opposée. L'écart générationnel reste un facteur crucial de l'exercice du pouvoir. L'action venant de cet âge peut facilement se voir erronée par le jeune gouverné.

Cela pour la simple raison que, chaque génération est un peuple nouveau et chaque peuple nouveau est une humanité nouvelle. Or, la vie humaine a des besoins perpétuels à satisfaire, et ces exigences sont étroitement liées aux tranches générationnelles que traverse la vie, qui est elle-même en symbiose avec son environnement.

Environnement qui est aujourd'hui lié aux technologies et aux avènements qui ne peuvent être maîtrisés à partir de ce large fossé d'âge. Puis, il faut savoir qu'à vouloir servir le peuple à durée illimitée, l'on se forge des idéologies biaisées.

Premier décisionnaire de la république avec la main mise possible en tout lieu et dans les instances de la nation et au-delà ; peut laisser penser que l'ensemble du peuple présente encore d'insuffisants degrés d'intégration politique, et on est convaincu d'avoir le droit de faire certaines choses pour lesquelles d'autres seraient condamnés. Ainsi, on voit le peuple d'un œil neuf, puis on commet le péché mortel du pouvoir.

À ne vouloir servir que le peuple, on se permet de se servir dans les deux mondes. Aussi dans la caisse de l'État que sur le marché des affaires a priori réservé aux populations. À partir de cet instant, la fonction étatique passe en second plan. Doucement, on glisse sur les affaires personnelles qu'on finance avec les impôts du peuple. Peu à peu, on s'éclipse dans le voyou des affaires, on crée les affaires aux noms de proches personnes. De sa position, on intimide, on influence.

Et là, la promiscuité s'établit et se confirme. On acquiert les propriétés autant dans la délinquance des affaires que dans le détournement de fonds public pour des fins personnelles.

Parce que l'état naturel de l'homme c'est chacun contre chacun ; car, chacun est gouverné par sa propre raison et son propre instinct. Méthode qui gangrène le pays, installe la corruption aussi au sommet de l'état que dans toutes les administrations de la république sans que personne n'ait le courage de hausser le ton de dénoncer. Or, d'un président comptable à un président coupable, il n'y a qu'un pas.

Aujourd'hui, nous sommes gouvernés par des hommes assez riches, diplômés ; mais dépourvus de tout sens moral. Ce qui laisse voir qu'être bien riche ne fait pas de soi un intelligent, et avoir des diplômes n'induit pas forcément la compréhension d'une nation non plus. Parce que ces deux pôles de besoins humains ne peuvent pas remplacer ou entraver la bulle civilisationnelle qui est une mise hors-sol.

Il faut comprendre et savoir que, seule la civilisation dans sa profondeur et ces vraies valeurs authentiques permettent de consolider et d'asseoir un peuple dans la paix, dans une république en paix, et dans sa cavité fraternelle qui lui est propre.

Et leurs manières de faire laissent à croire que nous sommes gouvernés par des bandits rapaces et pillards. Le plus criard de la décrépitude et fort écœurant, « C'est le propre de la délinquance en col blanc ».

Car, elle ne vise que des personnes qui ont des moyens de manœuvres dilatoires très étanches. Ils réussissent sans cesse à passer à travers les mailles du filet de la justice. Mais, viendra un jour où le piège sera refermé sur leur poignet. Parce que le passé est toujours, et a toujours été jugé à la lumière du présent.

Nos institutions

D'abord, je fais un appel solennel aux pays de l'Afrique noire. Nous devons chacun avoir un poids équitable face aux valeurs qui font de nous ce que nous sommes. Nos assemblées nationales seraient à l'image africaine, si chaque député pouvait siéger dans un accoutrement traditionnel de la région dont il est issu.

C'est une fierté.

Ah, les institutions africaines. Encore toujours inspirés en éternel copiste, nous assistons à l'installation de nouvelles chambres institutionnelles de la république comme si celles déjà existantes tournaient en plein régime et opéraient comme cela se devrait.

Depuis la soi-disant « indépendance », la population manque cruellement d'infrastructures, d'urbanisation, de l'insécurité sanitaire aux surcharges des classes de nos enfants, passant par l'insécurité des populations et de leurs biens, et l'absence flagrante de réformes immédiates. Facteurs qui plongent la jeunesse dans une précarité sans précédent. Face à ces préoccupations majeures, nos gouvernants jouissent d'une assurance non dépourvue d'arrogance à installer de nouvelle chambre institutionnelle.

Le Sénat

Le Sénat comme pour copier le maître. Institution ou à la présidence se voir parachuter les fidèles amis du pouvoir.

Cette chambre, dont la masse salariale mensuelle se chiffre à des dizaines de millions de francs des Colonies françaises d'Afrique.

Somme considérable allouée à son fonctionnement qui serait plus utile aux besoins précités. Institution dont le peuple ne perçoit aucunement l'importance, l'urgence et le devoir ; si ce n'est pas pour créer des échappatoires et dilapider les impôts du peuple.

On tergiverse, on côtoie les besoins flagrants du peuple, on tire des rideaux de fumées pour masquer le réel, on entretient le flou, on abreuve la population d'espoir, on intimide les dénonciateurs.

Simplement pour occulter l'incompétence, le manque d'innovation, l'absence d'initiative et d'idée de réforme. On accentue la dette de l'état pour des futilités qui s'opèrent en tout moment, et en tout lieu pour éblouir le peuple.

Au pays des sauvages, ils ont compris. Ils ont compris qu'il fallait faire abstraction aux multiplicités de chambres institutionnelles qui sont synonymes de dilapidation des fonds publics. Et au mieux, de converger les efforts sur la bonne gouvernance. La bonne gouvernance, et rien que la bonne gouvernance.

Par le biais d'une chambre qu'ils accordent tout crédit et rendue très puissante. Aussi puissante qu'une armée.

« La Cour des comptes ».

Cette institution en étroite collaboration avec son organe de répression : « la Haute Autorité de Contrôle ». La H.A.C a pour but de statuer de façon nette et claire sur les retraites des anciens chefs d'État, à partir de leurs prestations et services rendus à la nation. Parce qu'il n'était plus admis d'accéder au pouvoir par n'importe quelle méthode et à exercer le pouvoir du peuple à sa guise à n'apporter aucun plus au quotidien des populations, et penser pouvoir bénéficier d'une retraite à taux plein, au terme d'un médiocre mandat ou néfastes services rendus à la république, pour croire avoir tous les privilèges aux mêmes degrés que celle ou celui qui aurait avec loyauté, responsabilité, honnêteté, et noblesse, restauré l'image de la nation et son contenu.

De cette façon, les privilèges de la République en période de retraite ne seront qu'à la hauteur des services rendus à la Nation.

Dorénavant, les manquements et les sorties financières injustifiées sont sans exception défalqués de l'allocation de retraite, jusqu'au dernier centime. Pour eux, l'honnêteté n'est autre que le respect de la fonction, et celui du peuple.

Néanmoins, quelle que soit la médiocrité des services rendus pour un exercice présidentiel donné, le taux de privilège ne peut être inférieur à trente pour cent du taux plein.

La H.A.C, cet organe intransigeant et puissant a pour devoir d'instruire les fraudes et les irrégularités. Oui, cette institution est véritable, et libre dans l'état. Dotée de sa propre police, de ses propres enquêteurs, et de ses propres magistrats, avec ses propres experts dans tous les corps qui composent toute l'essence de la nation, elle n'est que justice et productive.

La Haute Autorité de Contrôle par ces prérogatives d'actions et de réactions rappelle en permanence la présence policière dans les mentalités de chaque fonctionnaire et élite. Ce qui fait porter un réel respect des lois.

Cette Haute Autorité de Contrôle se compose de :

Pasteur, avocat, magistrat, prêtre, imam, universitaire, militaire (haut gradé). Cette composition au vu de leur importance dans la république devrait être impartiale et apolitique.

❖ Les principaux devoirs de cette institution sont :

– D'apporter une appréciation et un ajustement à tout contrat d'exploitation de toute matière que ce soit, et à le soumettre à l'Assemblée nationale pour validation ;

– Les identités, les positions des comptes bancaires et tous les biens des personnes choisies par le ministère de tu telle à superviser ces exploitations doivent être connus avant leur prise de fonction.

En période électorale, l'H.A.C. devrait :

– Recevoir le dépôt de tout document donnant lecture à l'ouverture d'un compte bancaire lié uniquement à cet évènement ;

– Définir et pallier les différents coûts des différentes campagnes électorales : municipales, législatives présentielles ;

– Recevoir tout document donnant lecture à la réception du montant affecté à la campagne électorale dudit compte, quarante-cinq jours avant le lancement de la campagne.

Plus important : La Haute Autorité de Contrôle est habilitée à recevoir la déclaration de patrimoines avant et après le service de tout fonctionnaire de l'État, d'élaborer et surveiller les rémunérations mensuelles de tout corps étatique.

C. E. I

Ce sulfureux organe qui niche tant de conflits.

C.E.I, ou Commission électorale indépendante. Voici la définition de ces trois lettres censées organiser l'élection présidentielle de manière transparente, équitable, apaisée et acceptée de tous dans les pays d'Afrique qui l'ont adoptée. Mais au vu de sa composition, elle prend très vite des caractéristiques orageuses pour les élections présidentielles, particulièrement en terre d'Éburnie. (Côte d'Ivoire)

Initiative noble et louable qu'il faudrait saluer avec respect.

Car, pour une fois que de telles choses semblent naître de notre volonté et de notre propre pensée pour s'autogérer sans aucune empreinte du maître. Mais, voilà que cet organe qui expirait tant de confiance devient pour les pays qui l'ont institué le nœud gordien. En terre d'Éburnie, sa composition biaisée le rend impartial et fausse largement son verdict. En voici le contenu des membres :

– Le Président de la République a un représentant ;
– Le parti au pouvoir possède quatre représentants ;
– Le ministre de l'Intérieur a un représentant ;
– Le Conseil suprême de la magistrature a un représentant ;
– Le président de l'Assemblée nationale en a un, chaque parti d'opposition a quatre représentants.

La société civile possède quatre représentants, composés comme suit :
– L'Église catholique en possède un ;
– Le Barreau des avocats en a un ;
– Le COSIM en possède un ;
– Les O.N.G. ont un représentant ;
Le Président de la République a deux vice-présidents et un adjoint.

À partir de cette composition, il faudrait être dupe pour ne pas comprendre qu'il n'y a qu'une seule issue possible. Près de soixante-dix pour cent de la composition est acquise à la cause de l'exécutif. Que peut-on attendre dans son exercice, de ses applications et de ses dénouements des choses ? Rien d'autre qu'un véritable imbroglio. Avec le nombre, vite on prend intérieurement des positions fermes et déterminées.

Qu'on ne peut être à la source et sortir perdant ; se disent-ils certainement.

(Comme l'a dit l'autre ; il est si facile de se faire un trône par les baïonnettes, mais difficile de s'asseoir dessus longtemps.)

On en déduit que la sincérité est profondément entachée, parce que les actes qui en ressortent extirpent le sens de son indépendance et de son impartialité.

On oublie que passer outre le mot indépendant dénature l'organe, le rend sulfureux et amorce l'abîme de la république. On oublie qu'en volonté du peuple (en politique), on ne peut jamais être perdant, et qu'on apprend toujours pour mieux rebondir. Et qu'en revanche, la tricherie se dévoile au grand jour.

Cour africaine, haute académie
L'organisation continentale

Cette haute cour gorgée d'illustres personnalités de tout bord sur toute l'étendue de l'Afrique noire, devrait pouvoir être la tête pensante pour mener des réflexions sur le devenir du continent afin d'incarner une vraie fédération africaine, voir les États-Unis d'Afrique. Avec amertume, j'ai feuilleté et je feuillette encore la politique des différents gouvernements des états africains, et aucun ne veut nouer une franche alliance avec l'état voisin pour pouvoir un jour envisager les États-Unis d'Afrique…

Cette institution ne peut être composée que :

– D'anciens présidents de la République démocratiquement élus, qui ont fait leurs preuves, sont appréciés par les autres pays africains ; et ont une vision claire et précise sur le devenir de l'Afrique ;

– D'anciens chefs de gouvernements, et d'autres personnalités influentes qui portent une vision sur le continent.

Cette Haute Cour académique aura pour devoir d'élaborer :

– Une langue africaine commune, écrite et parlée par tous (un alliage de toutes les langues africaines). Un processus visant à éviter les guerres sous toutes ses formes ;

– De pouvoir écrire la véritable histoire authentique de notre continent, qui sera enseignée depuis l'école primaire, jusqu'au secondaire ;

– De veiller à ce que la culture, les traditions dans toutes leurs formes soient réappropriées, restaurées, protégées pour être pérennisées.

❖ Le vœu le plus noble serait de créer des espaces dans certains pays africains en vue de mutualiser les compétences dans chaque domaine. À savoir :

L'ingénierie, la technologie, l'informatique, l'agronomie, l'aéronautique, et dans les recherches scientifiques.

C'est de dire :

– Que tous les ingénieurs agronomes du continent pouvaient avoir leur base de recherche en Côte d'Ivoire ;

– Les ingénieurs en mine et métaux précieux auront leur base de recherche en Centrafrique ;

– Tous les ingénieurs en aéronautiques auront leurs centres de recherche en Angola, etc. ;

– De lutter ardemment pour le retour de nos patrimoines historiques pillés et éparpillés à travers le monde. Ce pillage qui n'est rien d'autre qu'un génocide culturel et cultuel…

Chose plus choquante, frustrante et vexante est que lors de quelques réclamations prononcées en ces derniers temps pour le retour en Afrique de ces objets plus que précieux à leurs propriétaires ; l'occident suscite l'inquiétude de conservation. Que si les propriétaires africains avaient les moyens, les capacités et les lieux adéquats pour mieux les conserver.

Par des allocutions nourries d'idées séditieuses accompagnées de la gentillesse et l'intelligence des mots ; on veut faire fléchir le peuple noir de sa brusque reprise de consciences. Les conseils, le dialogue et la démocratie ne doivent pas faire sens de duplicité pour les uns, et de ruse pour les autres.

Quand on n'a rien à dire, vaut mieux ne pas le fait savoir.

À défaut de pouvoir présenter de séreuses et franches excuses avec courage pour ces vols à visage découvert qui se sont

accomplis dans la cruauté que ces peuples ne sont pas prêts à oublier de sitôt, et qui se sont vu soustraire de leurs racines. Donc dépossédés de leurs mémoires et les lieux de refuges de leurs âmes, simplement l'on s'inquiète de la conservation comme si l'occident avait passé commande de ces œuvres, et que juste après leurs confessions, qu'ils ont emprunté des vols aux bords des avions pour être livrés dans les musées occidentaux. En vérité, de tels propos ne peuvent que faire révolter les consciences…

Or, une excuse serait non seulement un acte de respect pour le pilleur, et témoignerait une reprise de conscience face à ces actions barbares et odieuses. Excuses qui seraient de nature à apaiser la mémoire des victimes tombées lors de ces opérations, et aussi consoler les âmes et les cœurs de ces peuples africains qui, envahis et assaillis chez eux, ont tant souffert.

Il ne faut pas laisser la psychologie et l'orgueil confisquer le sentiment de la honte qui est d'ailleurs repentance ; donc une valeur constructive et humaniste. Moi, j'ai une affection particulière pour cette France et ces citoyens, au point que je ne peux pas taire les égarements et les fautes profondes de ses élites, qui pousseraient d'autres peuples à se révolter contre elle et sa population. Parce qu'être constamment injurié et méprisé vous équerre et vous anéantit. Mais hélas, on constate que l'on se réfugie toujours dans la radicalité de pensée qui blesse l'âme et révolte la conscience.

L'humanité sait et y est convaincue, qu'en tout temps et en tout lieu ; l'Art et l'argent ne sont pas contradictoires. Et que les intérêts générés dans les musées depuis des décennies seront équitablement partagés.

En revanche et pour le moment ; l'Afrique remercie la France du bout des lèvres, de l'élévation juste et saine d'esprit dont elle commence à faire preuve par la restitution de quelques œuvres qu'elle a pillée à travers le continent pendant sa colonisation. Le peuple africain l'encourage davantage et cela ne fera que l'agrandir.

Malheureusement, l'union nous fait défaut pour revendiquer ces droits comme une seule personne. Je pense et je vois que l'Afrique est profondément malade. Malade de sa négligence par ses enfants. Notre continent incarne visiblement le présent et le futur. Conscient de son potentiel tant démographique que de ses richesses, il est temps de faire appel à toutes ses racines, ses forces et ces enfants ; afin d'unir leurs énergies et compétences pour son développement qui est synonyme de l'épanouissement de son peuple. C'est la seule manière pour l'Afrique de franchir le Rubicon. Ce qui éviterait de voir notre jeunesse fuir le continent et de mourir dans les mers, en quête d'un soi-disant avenir meilleur chez les autres...

La répétition étant un art d'enseignement, je le dis et je le répète, j'ai feuilleté et je continue de feuilleté avec désespoir tous les gouvernements successifs des pays africains ; et aucun n'évoque une simple et franche alliance avec son voisin pour voir germer un jour l'idée des États-Unis d'Afrique, afin de pouvoir donner avec toutes les forces, un sens à la vie de ce peuple qui a tant souffert, et qui en souffre encore.

Parce que la politique continue de trahir la république, et le pouvoir piétine toujours le peuple avec son cortège de chaos et de désolation sous des volontés invisibles...

Seule cette Haute Cour Académique africaine serait capable de nous enseigner et nous confirmer qu'ici-bas, tout bipède humain à neurone est égal ; il est donné que : « Quiconque peut devenir qui il veut être... »

Le monde et ses institutions

La terre s'étouffe

Depuis la nuit des temps, tout ce qui se régénère dans la vie humaine a toujours fait l'objet de réforme. En ces mots, chercher le contrôle de notre démographie ne doit à mon sens choquer personne. Aujourd'hui, le monde nous échappe par notre propre hypocrisie. Notre croissance est incontrôlée et la terre peine à nous fournir l'essentiel propre et vital à notre existence. Parce que le consommateur humain se reproduit plus vite que la nature ne se renouvelle.

Alors, on se gave « d'hormones et d'engrais. » On invente des poisons dits conservateurs pour garder l'aspect des aliments. Dans les laboratoires, ce sont les odeurs à imitation naturelle dites additifs qui se créent pour enrober ces hormones alimentaires afin de croire être en face d'un véritable repas naturel donné par la nature.

Tout ceci pour éviter de s'entre-dévorer. Et face à ce défi, d'autres pointent des doigts accusateurs à leurs semblables. Je ne peux comprendre le silence de ceux qui se croient au sommet de la pyramide dans nos institutions.

Ou alors, cherchent-ils à remédier à cette lancée démographique à travers des actes non élucidés ? Qui, pour moi, seraient des actes odieux.

Nous méritons tous une égale de considération.

Elle ne doit être diluée ou dissoute pour d'autres raisons envers d'autres peuples. On pourrait se demander de quoi ils ont peur. À moins de vouloir exterminer volontairement un groupe de leurs semblables pour autres faits que nous ignorons ?

Chose qui ne peut d'ailleurs se concrétiser. Quand il s'agit de prendre des résolutions fortes pour écraser les petits pays de pressions et sanctions, là, les grandes séances se tiennent avec rigueur à toute heure et tard dans les nuits jusqu'au petit matin.

Alors, pourquoi ces grandes institutions qui dominent le monde sont-elles incapables de se mettre en conclave pour élaborer un projet de nature à freiner de manière douce la croissance humaine à travers ce monde ? Ne pas avoir le courage de cette politique est un véritable échec. Ce serait de laisser mourir notre espèce et de faillir à leur premier devoir. Car, à ce rythme, la terre ne pourra nous contenir longtemps. L'humain est l'éternel insatisfait et le plus récalcitrant parmi les animaux.

Donc, ne vouloir réguler la démographie qu'à un seul point de la terre, serait faire preuve de discrimination envers ce peuple qui, forcément, aboutira à un échec. Parce que, la mondialisation a imposé à ce monde un vase communicant à travers son flux migratoire.

Cause pour laquelle les institutions internationales doivent annoncer avec force le strict remplacement de chaque personne. Oui, sur toute l'étendue du globe terrestre, chaque personne devrait pouvoir se faire remplacer par sa seule et unique progéniture. En fait plus, serait une faute aux lourdes conséquences pour l'avenir. Seule, cette méthode officialisée et internationalement proclamée ; qui, encadrée par des lois et de fortes sanctions et de lourdes peines, pourra nous porter tous à la raison.

Clairement, il faut stigmatiser l'incapacité de ces organisations dites internationales à régler les grandes difficultés de ce monde. À commencer par le conflit « Israélo-Palestinien, le réchauffement climatique, la démographie incontrôlée qui s'explose, les guerres dans le monde et bien d'autres. »

L'immobilisme total et fragrant face à ces défis permanents et pressants, il serait mieux de susciter un nouvel ordre mondial, que de continuer à entretenir une collégialité avec celle dite de communauté internationale qui depuis des décennies est immorale et dépourvue de tout sens humain.

La porosité de conscience

La conscience étant le phare de l'histoire et la valeur des peuples, sa porosité fait naître des balbutiements au sein de l'étanchéité de ses valeurs…

Comme indiqué précédemment, reconnaître ses insuffisances et ses carences pour adopter ce qu'il y a de mieux chez les autres ne peut être considéré que de maturité ou refléter l'intelligence. En aucun cas, cela ne peut être comme une honte ou une infériorité.

Comme nous le savons tous, avant le départ du colon, plusieurs enseignements nous ont été diffusés et souvent étayés d'exemples comme le déplacement des populations qui est fixé sur deux axes. « L'automobile et le train. »

Bien que le train soit un moyen plus rapide, moins stressant et économique, l'Éburnie n'en a plus inauguré depuis le départ du colon…

En ce qui concerne la circulation routière, on note une insécurité récurrente due au manque d'infrastructures digne de cette qualification, notamment : passages cloutés, voies bitumées, absence de glissières de sécurité, et aussi de feux tricolores pour réguler la circulation des quelques routes qui sont aux services des populations. Ces facteurs sont responsables de nombreux accidents et de pertes élevées en vie humaine qui n'ont ni un incident sur la conscience de nos dirigeants ni beaucoup d'entre eux dans le peuple.

Nos quelques routes bitumées nous sont livrées par les ingénieurs colons, équipées de toutes sortes de sécurités possibles. Mais passés deux ans, elles sont méconnaissables.

Les caniveaux présentent des ouvertures béantes, qui parfois servent de dépotoirs. Les glissières de sécurité souvent arrachées pour se confectionner de marmites par des artisans forgerons.

Les biens publics font notre fierté et nous appartiennent à tous.

Malheureusement, d'autres en font des usages personnels, sachant bien qu'ils détruisent ce qui nous est commun.

Immeubles et pavillons n'ont jamais été dotés de canalisations adéquates pour l'évacuation de l'eau. Ce qui entraîne des stagnations, et favorise non seulement la prolifération des anophèles mais aussi des inondations tous azimuts qui causent des maladies et leurs conséquences.

Peuvent se compter sur les doigts nos propres maisons dotées de gouttières. À ma petite connaissance, jamais un immeuble n'a connu de ravalement de façade, même à la capitale. Mais de l'autre côté, on se plaint des inondations, des creusées dus aux ruissellements. Toutes ces choses élémentaires, liées à notre sécurité et aux bien-être, nous ont été enseignées par le maître. Et ça nous a passé à travers notre petit crâne qu'ils font partie de la civilisation tant recherchée. Et que celle-ci ne s'arrête pas seulement à la procession et à savoir manier le téléphone cellulaire dernier cri.

La porosité de conscience, pour ne pas dire inconscience, fait de nous parmi les bipèdes les seuls à avoir un sous-sol immensément riche et à être les plus démunies dans tous les sens. Chose qui fait de nous les derniers de la terre. On néglige tout. On naît avec une torpeur qui nous tient et nous lie à la paresse visible et à une passivité accrue.

Notre grande et plus sérieuse chose est la distraction, la danse et faire l'amour.

Imaginer que les gens ont une frénésie du travail et du savoir comme ils ont la frénésie de faire l'amour. Ça serait de chasser la pauvreté, la jalousie, l'incompréhension et l'inconscience. Là, on vivrait tous dans un mon monde chargé d'amitié presque équitable, paisible et agréable…

On s'étonne qu'on nous traite de pays sous-développés ou de tiers-monde, voire de pays de merdes comme l'affirmait avec force le président américain, monsieur Trump.

Nous détenons les trésors du monde et nous sommes assaillis de dettes. Aujourd'hui, du haut de notre montagne de dettes, nous glissons vers l'Asie pour gagner plus d'altitude. Et cela, rien que pour nos propres matières premières…

On ne le dira jamais assez, qu'il faudrait être noir pour accepter de telles conditions. Parce que ceux qui nous gouvernent ont peut-être oublié que la politique et le développement ont pour moteur l'économie, qui elle-même a pour substance lymphatique la matière première. Et que d'autres peuples ayant épuisé les leurs, ou n'en possédant pas, cherchent à s'approvisionner ailleurs. Et qu'une fois l'ailleurs tari, ils disparaîtront sans préavis. De là, les infrastructures obtenues en échange contre ces matières premières, sans entretien et restauration convenable, partiront-elles aussi sous l'usure, et l'érosion.

Comme disait Platon au quadrupède le porc, que sa constitution corporelle et physique l'empêchait de lever la tête et voir le ciel. Est-ce la couleur de notre peau qui nous empêche ou qui nous handicape pour voir et comprendre qu'une partie de ce beau monde est tenue en laisse par nos matières premières ! Ces matières dont nous ne savions pas quoi en faire.

Comme l'avait dit le pape Paul VI : le développement est le nouveau nom de la paix. Or, il ne peut y avoir de développement sans matière première qui engendre industrialisation et travail pour le peuple. Il est donc temps de réveiller et maintenir nos consciences en éveil. Parce que la génération future va en souffrir, et nous en vouloir profondément. Chassons en nous l'individualisme et l'envie de toujours se vautrer dans le bien matériel. Cela ne nous mène nulle part.

N'oublions pas que notre destin est, et sera de combattre de façon pacifique l'homme pour lequel nous avons le plus grand respect au nom de notre indépendance totale.

Aujourd'hui encore, avec respect, nous restons son obéissant serviteur. Acte qui nous cloue dans la subordination. Je sais que par atavisme, il nous sera difficile de bannir définitivement en nous des choses qui entravent notre prise de conscience profonde pour chercher cette indépendance dite totale. De même, la curiosité nous fait cruellement défaut, au point que nous ne sommes pas des inventeurs à l'esprit émancipé. Cause pour laquelle nous bradons nos sous-sols et autres matières premières pour la moindre chose.

… Au passé, on nous étouffait par tous les moyens à tout acheter et à tout vendre à l'unique tuteur colonisateur. Cette manière de faire qui nous empêchait de voir ailleurs, alors qu'en matière de commerce, je crois que chaque pays a le droit de pouvoir se créer des concubinages sans obligation de fidélité. Peuple du monde, pour votre ambition, rejeté l'ambition de l'autre…

En ces temps, et il serait ainsi….
Les conflits entre les Occidentaux et les pays d'Afrique noirs sont plus visibles en matière des contrats d'exploitations de matières premières déséquilibrés
signés à la fin de la colonisation par l'ignorance des Africains. Ce qui perdure encore par le théorème de la corruption des Présidents tenus en permanence sous la pression et la peur. Méthode qui freine des quatre fers le développement des pays africains et perpétue un circuit fermé de dépendance, et ceci dans toute l'Afrique noire Francophones.

Il convient donc à tous ces pays de travailler à renforcer leur position de négociation avec les partenaires occidentaux, en mettant l'accent sur des stratégies clés, pour favoriser des accords bénéfiques et équitables en approchant une négociation proactive et collaborative.

De la sorte que des accords de partenariats mutuellement bénéfiques et équitables soient obtenus. En ce sens, il faut mettre l'accent sur la transparence et l'exclusivité. Chose très importante dans les négociations. Il faut aussi faire appel à diverses parties prenantes de la société. À savoir, le collège des Sages pour informer le grand peuple, les chefs d'entreprise et des experts universitaires pour s'assurer que ces accords s'alignent sur les intérêts du pays et les objectifs de développements. Pour ce fait, il faut investir dans la formation des diplomates, des experts, des négociateurs, des Avocats d'affaires et des consultants internationaux.

Ce qui permettra de prendre des décisions éclairées et éviter les vices cachés. Impérativement, il faut que ces pays puissent faire l'évaluation approfondie de leurs besoins sociaux et environnementaux qui permettront d'orienter les négociations.

Chose très importante, diversifier les partenaires pour permettre à tout moment d'activer le levier de la concurrence. Dans ces accords, il faut surtout privilégier la transformation des matières premières dans le pays, qui est source d'emploi et à long terme, le transfert de technologies.

Le bien-être des peuples étant lié à la prospérité qui est en symbiose aux développements, les pays africains doivent déjouer l'influence de tout bord en créant un front unique. En revanche, tout accord comme tout contrat pour la mise en œuvre de grands chantiers ou d'exploitation de ressources signé en dehors de ce processus légalisé ; prendra fin avec le mandat Présidentiel.

Parce que, le seul véritable contrat que la France dans son font intérieur signe, et qu'elle veut toujours signer avec ces colonies, et que les Présidents africains doivent appliquer sans réservent s'ils veulent gouverner en paix, ont pour closes suivantes :

– Ne jamais parler de la base militaire dans le pays,

– De veiller à ce que le peuple travaille dur, pour déposer davantage des devises à la Banque de France,

– Toute matière première, agricole comme minière, doit être à la disposition de la France,

– S'adresser à la France pour tout besoin et achat comme ventes de toutes choses,

– Exclusivité de former les militaires de ces pays et l'utilisation des armes françaises,

– Aucun régime, comme aucune gouvernance ne doit changer sans son consentement.

Encore aujourd'hui, pour quelques pays du monde, l'Afrique est comme pour eux leur Proche-Orient. Tandis que Jérusalem est le lieu où l'on pèche au nom de Dieu, l'Afrique est pour eux l'endroit idéal pour célébrer les complots les plus chimériques au nom des droits de l'homme, de la démocratie, le tour couronné par l'aide aux développements ; sans oublier les atrocités ouvertement commises au nom de leurs intérêts chez les autres, etc.

Peuple du monde noir, pour la prospérité et la dignité qui, pour vous, sont des ambitions à atteindre ; rejeter l'ambition de l'autre.

Nous devrions surtout savoir que la manière dont l'occident mène sa politique à l'égard de l'Afrique noire, prend source dans notre ignorance, dans notre faiblesse de compréhension, dans la facilité de nous faire corruption, et particulièrement dans l'incohésion de nos états. Nous n'avions pas compris que celui qui se dit notre défenseur et civilisateur, fait de nous son esclave depuis la nuit des temps. Nous voir réveillés, sortis de l'autarcie, transformer nos propres matières premières et confectionner des armes pour notre propre défense ; serait pour lui commettre le péché mortel qui compromettrait l'avenir de sa république, et son existence réelle.

Chose merveilleuse, c'est que l'envie d'ailleurs fait le premier projet de notre existence. « Il se pourrait que je sois plus heureux là où je ne suis pas. » L'Europe.

Oui, l'Europe, le continent où le froid n'est accepté et supporté par aucun noir, même nos élites et leaders politiques. Mais, voilà que ces derniers garnissent des comptes bancaires en Suisse pour s'offrir des immeubles ou des appartements à prix démesurés dans les hauts quartiers et villes prestigieuses de France.

Chose à faire remarquer est que le bonheur d'un Européen n'est rien d'autre que le beau temps qui est synonyme de soleil.

Or en Afrique, il ne se passe pas de jour sans le soleil. Les terrains à bâtir des logements s'acquièrent avec facilité et à des prix dérisoires face à la monnaie européenne.

Mais rares, pour ne pas dire inexistants, sont les Européens qui ont acheté un appartement ou qui se sont fait construire une demeure en Afrique noire pour bénéficier du beau temps et du soleil à longueur de journée, voire toute l'année.

Oui, l'envie d'ailleurs fait le premier projet de notre existence, même sans but précis. Aujourd'hui, on économise ou toute une famille se cotise pour faire rapatrier l'un des leurs en occident, c'est comme un devoir. Même au détriment de la vie humaine. Et tout ceci, sans un objectif précis ; mais il faut y aller. Il faut y être, après on verra. Il faut y aller, parce que chez soi, il y n'a rien et on ne peut rien faire, c'est la misère.

On croit manquer de tout comme si tout tombait des cieux.

En occident, oui ! Des immeubles propres qui donnent envie d'y habiter, l'assistance publique, la promptitude à recevoir les premiers soins sanitaires, la beauté des lieux, le respect de l'autre, la liberté de parole, et le travail. On croit que tout est disponible et que tout nous attend. On pense qu'il suffit d'y être pour être servi, ou pour se servir. Toutes ces choses nous attirent comme une force gravitationnelle. Même nos gouvernants !

Oui, ces gouvernants qu'on peut qualifier de diplômés analphabètes sautent à la moindre fièvre dans l'avion de la république, et se font pomponner dans les cliniques hautement équipées à la charge du peuple. Ils ne savent pas que cette manière de faire les couvre de ridicule et les réduit à l'irresponsabilité vis-à-vis de ceux qui se livrent à leurs petits soins. Seulement, ils ignorent que la différence se situe à l'investissement aux équipements.

Et que ces médecins qui se livrent à leurs petits soins n'ont pas une qualification moins factice et ne sont pas non plus mieux expérimentés que ceux de leurs propres pays qu'ils jettent à la négligence.

Pendant ce temps, les Centres Hospitaliers Universitaires abandonnés aux peuples sont bondés de souffrants, de mourants et de morts. Ces CHR et CHU deviennent des mouroirs. C'est en cela, que je crois qu'être noir peut être un mal.

Voyons les choses autrement…

Imaginons qu'un pays comme la France dans sa générosité immense comme pour répondre à notre volonté d'y habiter tous, propose de troquer la France contre un pays d'Afrique. Nous laissant ainsi le pays (la France), tel que nous le voyons.

En si peu de temps, les belles pelouses se verront serpentées de pistes, présenteront des « calvities » par endroits, boîtes de conserve et papiers d'emballage y joncheront pêle-mêle. Les agréables jardins et parcs comme le Bois de Vincennes et de Boulogne se verront comme des lieux à déféquer, à organiser en permanence des séances de pique-nique, à faire des feux de bois, à construire des cabanes par des sans-abris, des lieux propices à commettre des braquages, etc.

Je crois que repartir en Afrique derrière le blanc pour chercher l'eldorado ne saurait tarder.

En revanche, les traitements réservés aux pays africains sont-ils conformes aux principes d'équité et de moralité ? Ou aux principes chrétiens ? On peut affirmer que non. Le continent ne peut continuer à subir longtemps les humiliations et injures de tous bords des Occidentaux.

Donald Trump et Sarkozy

Le président américain, monsieur Donald Trump.

Celui-là qui, en première écoute dans des déboires, je considérais comme un accident de l'Histoire, était en réalité un libérateur inconscient.

Après recul, je constate que ses bêtises et agissements qui le font grandi ne sont que constructifs. En voici un président qui, dans sa turbulence conjuguée à son incohérence infinie qu'il conclut par son slogan : « l'Amérique d'abord », ne cesse d'émettre des signes de nature à donner l'indépendance totale à tout pays attentif et captif à ses propos. Il faut dire que si ce dernier s'est permis de traiter les pays africains de merde, c'est que bon nombre de dirigeants lui en ont donné l'opportunité.

En vérité, traiter toute chose, toute personne, comme tout pays de merde est une abomination à l'égard de ces choses et de ces derniers. Mais, par moment, je crois qu'il faut user de mots durs, qui puissent percer les tympans et permettre d'ébranler les consciences. Traiter les pays africains de merde est une atteinte profonde à la dignité de ces pays.

C'est une humiliation manifeste de chaque fils et fille du continent, en particulier de ces dirigeants…

De même, lors d'un discours à Dakar, en des termes sarcastiques et nauséabonds, Monsieur Nicolas Sarkozy, alors Président français, s'est permis de dire que les Africains ne sont pas encore entrés dans l'histoire.

Nous disons non, non et non…

Non, les Africains ne veulent pas entrer dans l'histoire et ne veulent pas y être en livrant des atrocités et des guerres à d'autres peuples comme les Européens l'ont fait pour y être. Non, les Africains ne mépriseront pas et ne réduiront pas leurs semblables en esclave pour se voir attribuer le premier fauteuil dans l'hémicycle de l'Histoire. Non, les Africains n'iront pas dans cette l'histoire en maintenant d'autres peuples dans la pauvreté et dans la mendicité pour les soumettre à leurs volontés. Non, les Africains ne fomenteront pas des coups bas, et des coups d'État pour déstabiliser pour la prédation des matières premières, afin de mieux dépouiller le déstabilisé pour être admis dans le palais de cette histoire.

Non, l'Afrique et son peuple ne veulent pas d'aliénation de ces semblables. Elle et ses enfants n'ont pas pour culture d'aliéner une partie des humains jusqu'à l'obsolescence pour rentrer dans l'Histoire. Parce que c'est au-dedans de soi qu'il faut regarder au-dehors ; et nous sommes tous des êtres de chairs et de sang.

Voilà que face à la dégradation vertigineuse de l'atmosphère climatique due aux émissions de gaz à effet dévastateur relatif aux combustions d'énergies fossiles qui visiblement menace notre existence réelle ; un illustre fils d'Afrique noire, un génie qui n'a connu aucune faculté de sciences et mécanique, met au point un système inconnu depuis l'existence de l'humanité.

Un processus autonome et interne de production d'énergie à circuit fermé et de recharge permanente ; qui a la capacité de propulser un hélicoptère, faire démarrer et rouler un véhicule ; alimenter un poste téléviseur comme tout autre appareil de notre temps.

Cependant, ce personnage iconique, cet inventeur d'importance capitale et d'intelligence inouïe n'a pas pu bénéficier de la protection et les conseils de son état pour faire de lui un savant national, et que l'Afrique s'en orgueil. En cela, on peut affirmer qu'être noir est un véritable mal…

Le comble est que cette prouesse du fils de l'Afrique, M. Maxwell Chikumbutso du Zimbabwe, s'est vue refusée de se faire attribuer un brevet pour sa commercialisation, sou prétexte qu'elle viole où qu'elle ne réponde pas à la loi de la physique.

On veut nous fait admettre que violé cette loi imaginaire créerait l'apocalypse. Un pur mensonge fabriqué de toute pièce pour jeter le travail de l'Afrique aux oubliettes, et surtout pour éviter d'éclipser ou de concurrencer l'invention de certaines…

Aujourd'hui chez oncle Sam, cette lumineuse invention purement africaine reviendra aux yeux du monde estampillée de Brevet d'un imposteur.

Ainsi, on continuera d'accuser les Africains de n'être pas entrés dans l'histoire. Voici comment triomphalement l'homme noir est toujours entré dans l'histoire, et au mieux, qu'on l'a toujours expulsé à l'extérieur lui fermant la porte au nez et au pire, chercher à atteindre à sa vie…

Diantre ! Pourquoi chercher le chemin de l'Histoire par des voix attentatoires ? Les peuples africains fortement humains le dénoncent et l'Afrique récuse cette façon de prendre place dans l'Histoire. Elle la juge irrationnelle. Pétris de raisons et dotés de la loi morale ; l'Afrique et son peuple observent avec rigueur et exigent la normativité infinie des valeurs humaines et chrétiennes pour un monde infini. Ils ne peuvent donc penser et commettre de tels actes pour s'inscrire dans la classe de l'Histoire.

À moins d'affirmer l'hypocrisie totale ; auquel car, M. Nicolas Sarkozy n'est pas sans savoir que ; l'Histoire et l'Afrique sont indissociables. Les Africains sont l'Histoire et y sont à travers la lumière et par le travail.

Oui, l'écriture, oui les pyramides, les feux tricolores, le robot « Pathfinder » de M. Chiek Modibo Diarra du Mali et d'autres grandes découvertes et inventions qui ont apporté un sens à la vie humaine ont vu le jour par l'œuvre des Africains.

À ces égarements, seules quelques personnalités ont rétorqué avec un recadrement.

En vérité, a-t-on besoin des leçons à recevoir d'un déstabilisateur qui est l'initiateur de tant de désordres dans quelques régions du monde, au point de déloger un Président démocratiquement élu et installer un de ses proches amis au pouvoir dans un pays dit souverain ? Acte confirmé de ces propres mots.

« On a dégagé Gbabgo »

Le comble est qu'au moment où les avocats du soi-disant « méchant et dictateur délogé » Gbagbo ont mis à nu les informations que les services de renseignements qui sont les maîtres étalons de l'information se sont débrouillés pour faire asseoir un narratif creux et mensonge, et que l'innocent Gbagbo sort de prison acquitté et lavé de toute accusation ; voici que M. Sarkozy qui se voulait d'exemplarité se voit accabler de lourds chefs d'accusation. Affaire Bettencourt ; fausse facture de campagne électorale ; Financement illicite de campagne électorale par le fond libyen, etc.

Mais toutes ces accusations et calomnies à l'égard des peuples d'Afrique ne sont que la forme. Le fond reste un véritable défi pour les gouvernants de ces pays.

Un défi que l'on ne veut ni savoir ni voir.
Il faut de façon lucide démêler de ces injures de Trump et les égarements de Sarkozy une simple chose. Un défi. Je répète, le fond est un défi.
Car, dans une république où les hommes dits politiques se livrent facilement à l'intérêt personnel ne peut qu'ainsi livrer le pays aux mots répugnants et aux actes barbares. Un État qui ne peut ni créer un espace propice à vivre ni soigner

son peuple est fautif. Un État qui ne peut sécuriser sa population et ses biens, ni fournir du travail à sa jeunesse, ni maîtriser ses flux migratoires et qui crée un climat délétère n'est pas digne de ces dirigeants.

Ce défi poignant qui contient suffisamment de matières de nature à redorer le blason de la responsabilité et le courage, est resté comme une lettre morte. Rien n'a été fait, absolument rien. Or, une grande partie du peuple africain comme moi, attendait une réunion de contenu profond de l'Union africaine qui aurait pu permettre de réelles initiatives autant dans le devenir de nos nations que dans nos vies de chaque jour.

Ce qui aurait permis de prendre des décisions sages, nobles et constructives pour notre continent. Mais hélas, qu'observe-t-on ! Tout se résume à une piètre réaction.

« Des demandes d'excuses ».

On se débat comme un beau diable à réclamer des excuses face à ce qui est la vérité et contient de quoi à travailler pour notre propre avenir. « J'aime les pays africains. »

Voilà ce qui s'est dit comme excuse. Puis, on charge l'un d'entre vous de transmettre son affection aux présidents africains. Voici le résultat de l'excuse tant exigé. Obtenu sur les bouts des lèvres, une affection pour les présidents africains.

On pourrait se demander en quoi l'affect du président Trump aux présidents africains nous libère-t-il. En quel point son amour à l'endroit des présidents africains lave-t-il nos problèmes et la Merde qu'il a vue et a si bien dénoncée ?

Ces excuses exigées et obtenues ne sont ni l'attente ni le goût de beaucoup d'Africains comme moi. Pour nous, la Merde demeure et reste encore bien visible. On continue de se confiner dans le superflu pour ne pas se fatiguer à réfléchir pour mener des réformes comme si tout pouvait nous être octroyé dans l'avenir...

Et quand l'horizon s'assombrit et que l'étau se serre autour de nous, on se réfugie dans ce que le philosophe Nietzsche qualifie de l'arrière-monde ! DIEU. On croit dur comme fer que ce Dieu, dans sa bonté infinie, viendra nous sauver à l'extrême justesse sans effort de notre part.

L'armée nationale

Voici, pour toute nation donnée, l'une des institutions qui est plus qu'importante. Car, l'entrée en action même légère de ce corps n'est approuvée par personne, du fait qu'elle n'apporte que désolation, déstabilisation, et la régression de la république. L'entrée en action de l'armée n'est guère souhaitée par aucun citoyen du monde.

En Afrique, jamais le peuple profond n'est informé de cette décision meurtrière qui est détenue par une seule personne. L'ordre donné, ce décisionnaire ne sera jamais inquiété de sa propre sécurité. Chose contraire à la pauvre population qui paye par ses biens et de sa vie…

Cause pour laquelle le commandement d'une telle institution ne peut continuer à être détenu par un seul individu. C'est pourquoi il est souhaitable que l'Assemblée nationale et le Collège des Sages soient informés avant toutes décisions de l'engagement de l'armée. En cas de désaccord entre ce dernier et les deux chambres, celles-ci se désolidarisent de la décision et en informent le peuple. Alors, celui-ci en tirera les conséquences.

Il semble bien judicieux qu'à une telle décision, engageant autant la vie des soldats que celle des populations civiles, sans occulter les actes déstabilisateurs qui asphyxient la république et son économie, soit associée à la prise de décision l'assemblée du peuple et ses doyens de collèges.

Cette vision n'a pas pour but d'extirper la force de frappe au président de la République ni de le dessaisir de certaines de ses prérogatives.

Seulement, certaines décisions d'engager l'armée pour des convenances personnelles suscitent parfois des interrogations chez une large partie de la population.

À cette armée, une profonde réforme est à mener. Parce que, voici un organe de la république à qui chaque année il est affecté un budget adéquat.

Budget censé servir à former les soldats aux combats, à fournir les armes pour la défense du territoire et à indemniser les familles des soldats tombés pour la nation. (Je suppose.)

Ces braves hommes dont le courage est à louer, qui par leurs propres chefs ont décidé de se mettre au service de la sécurité de la nation, disposent parmi eux, des chefs hautement gradés qui souvent ont effectué de grandes écoles de guerre du maître. Chose qui est bien rassurante et qui nous laisse profondément croire que ces élites de la défense du territoire sont prêtes et aptes :

– À connaître l'art de la guerre ;

– À pouvoir planifier en si peu de temps un front d'attaques et de défense ;

– Qu'ils sont amenés à maîtriser les quatre coins et recoins du territoire à défendre et à protéger ;

– Qu'ils ont à leur disposition des armes et des munitions adéquates ;

– Que des soldats de plusieurs bataillons prêts à se battre pour la patrie jusqu'au dernier souffle sont à leurs dispositions.

Mais hélas, il suffit qu'un groupuscule d'unité de rebelles armés de quelques kalachnikovs se manifeste, pour que la sollicitation du maître commence.

Et là, ce sont nos biens et matières premières qui servent de premières garanties pour des décennies. On est pillé au grand jour, et aux yeux de nos gouvernants qui ne contrôlent rien et d'ailleurs ne maîtrisent rien. Même les contenus de ce qu'ils paraphent au jour de sollicitations.

Tout ceci parce que l'influence du maître fait encore son effet. Il continue sa main mise sous cette forme que nous ne percevons pas encore assez. Parce que nous n'agissons pas en paix ! Car la paix est la première condition de toute bonne réflexion.

Il est à savoir que l'indépendance ne doit pas être une dépendance de l'autre. L'indépendance et la vraie, ne commence qu'à partir du moment où l'on peut se nourrir, résoudre ses handicaps internes, et se défendre sans une assistance extérieure.

Comment se fait-il encore que de nos jours, face à la famine, le maître continue de nous larguer des boîtes de conserve ! Mais, nous devrons comprendre que son soutien ne peut que se limiter à ce point.

Ne croyons pas que dans sa gentillesse infinie qu'il viendra nous installer des maisons et produire des armes pour notre propre défense. Cette option ne peut venir que de nous, et de notre courage et de notre propre volonté. Et elle ne s'obtient que dans l'indépendance totale, dans l'intransigeance, et dans le courage personnel de nos républiques.

Avec les interdictions internationales qui empêchent les pays africains de fabriquer leurs propres armes, je crois que créer les États-Unis d'Afrique sera utile pour nous permettre de nous doter des outils de défenses. Individuellement faibles, nous devrions vite nous unir pour former un bloc monolithique pour bâtir dans chaque pays une spécialité à nos propres besoins et financée par notre propre monnaie…

Comme le rêve est permis, je crois avoir entendu et vu trois lettres dans mon dernier rêve. Trois lettres fondamentales se précipitées pour créer le ciment entre trois pays d'Afrique : A.E.S (Alliance des États du Sahel). Seraient-elles les prémices des États-Unis d'Afrique ? L'Afrique est-elle maintenant à l'aube de son temps ? De l'heure, les peuples ne peuvent le croire, ils attendent de voir. Que cette thérapie de choc se propage…

Il faut prendre le contrôle de son existence pour être soi-même, et voilà que comme par enchantement, émerveillement l'obscurité s'illumine et des orages de l'éveil des consciences subviennent dans le Sahel. Qu'ils s'enracinent pour perdurer dans les temps et se propager sans offenser et piétiner la souveraineté du monde.

Peuple du Sahel, continué ainsi, et l'indépendance totale, la prospérité, et la providence ne s'en iront pas sans vous laisser de récompenses.

Comme expliqué plus haut, la Cour Africaine-Haute Académie où grands ingénieurs, et chercheurs de chaque pays peuvent s'unir et pencher sur le développement. De la sorte, nous pourrons couvrir nos besoins par nos propres moyens dans tous les domaines. Et là, nous serons indépendants et ça sera la vraie indépendance. Moi, je ne désespère pas et il faut le croire.

Comme l'a souligné Spinoza, la désespérance est une maladie que les gens s'inventent pour ne pas vivre le présent. Je crois que le changement peut être retardé, mais fera surface un jour.

Souvenons-nous : hier, la Chine était citée parmi les pays en voie de développement. Aujourd'hui, elle se hisse en face des États-Unis d'Amérique, et mène des guerres commerciales.

Souvent, je crois qu'il faut aller vers l'idéal pour comprendre le réel, afin qu'un jour, la perfection soit tutoyée. Il n'est donc pas sans intérêt de laisser des pensées qui puissent faire souche…

Nos identités

L'identité, c'est ce que nous forgeons chaque jour à partir de ce qui nous a été inculqué...

Quelques brillants personnages issus de l'Afrique ont servi et rendu service dans de nombreux pays européens, et à travers le monde. D'autres sont à l'origine d'importantes inventions qui nous servent en ces temps millénaires. Mais rares, pour ne pas dire inexistants, sont les monuments ou les rues qui sont érigés ou baptisés en leurs mémoires. Contrairement en Afrique, s'il s'agit de baptiser quelques grands axes et places aux noms des leaders occidentaux, on se précipite à cœur joie. Parce que ça procure des points chez le maître.

L'ordre, l'organisation, et le respect de soi sont presque inexistants pour nous. Voici qu'à travers de petites choses, de petits signaux négligeables, nous perdons l'orientation. Dans les rues de nos propres pays, nous n'avons de repères nulle part ; sinon au travers des objets. Soit par un arbre, quelques lieux bien connus de tous, l'habituelle vendeuse installée à un coin de rue, ou une maison peinte de telle couleur. Nous sommes désorientés par paresse de ne pouvoir simplement baptiser, et numéroter convenablement nos propres rues aussi peu nombreuses qu'elles soient.

Chose que le maître fait sous nos regards à longueur d'année. Nous ignorons nos propres leaders, aucune rue n'est baptisée au nom de nos anciens héros.

Paraître est notre première volonté. Il suffit d'élever un édifice public, qu'on s'attribue comme si les fonds venaient de notre propre poche, ou que ceci constituait un exploit. Nous ignorons nos propres identités comme si les étiquettes en prénoms qui nous sont attribuées, et qui font de nous l'appartenance de l'autre ne suffisaient pas. Nous copions tout, nous ignorons tout de nous. Nous nous livrons à façonner nos propres corps à vouloir paraître et faire comme l'autre…

Certainement, nous ne voyons pas ou nous ne savions pas que ceci fait l'objet d'influence d'une vision trompeuse !

Je suis convaincu que nous avions tous oublié que, voire le jour sur n'importe quel point sur la terre est naître dans une première école qui est propre à son existence profonde. Cette école a pour matière l'ensemble des unités de valeur qui gouverne la civilisation de votre tribu. Elle a pour enseignant vos propres parents, dont les inspecteurs sont les anciens. Si vous échouez lamentablement à cette école, et que vous réussissiez brillamment les écoles de façades de l'autre que pour paraître et confirmer votre bien-être, alors ; vous n'appartenez plus à votre mère ; vous n'êtes plus à votre père. Vous n'appartenez plus à votre lieu de naissance, vous n'êtes plus de votre tribu, vous n'appartenez plus à votre peuple. Car, vous ne partagez plus rien avec cette tribu, vous ne parlez plus la langue de ce peuple. Ainsi, vous vous êtes déchus de vos attributs identitaires.

Parce que de dos, il n'est pas aujourd'hui facile de distinguer une fille africaine d'une Européenne. Même coiffure, mêmes ongles, même couleur des yeux, etc. Il faudrait chercher la différence sur les mains. Et là encore, il faudrait observer attentivement, car, ça ne saute pas aux yeux.

On oublie qu'il ne suffit pas d'adhérer béatement aux comportements d'apparences de l'autre, à ces manières de faire et aux changements pour être moderne, ou être comme l'autre.

À cet effet, écoutons cette allocution d'une personne dont le nom est tu, à propos de la religion :

« On peut vivre sans le christianisme, on peut vivre sans l'islam, on peut vivre sans le Bouddha.

Oui, on peut vivre sans aucune religion, car elles ne sont que des créations humaines à des fins manipulatrices. Elles peuvent être bonnes ou mauvaises en fonction de leurs utilisations. Ce n'est pas pour rien si Allah parle arabe, il est le Dieu des Arabes, et non le Dieu des Africains ; s'il était le Dieu des Africains, il s'exprimerait en une langue africaine. Le Dieu des Arabes ressemble à un arabe, le Dieu des Européens ressemble à un Européen, le Dieu des Indiens ressemble à un Indien, le Dieu des Africains ressemble à un Africain, même le Dieu des cochons ressemble à un cochon.

Chaque peuple se crée alors une religion qui est la représentation idéalisée de ces traditions et de sa culture. Cette religion permet ensuite de fixer les limites et de créer un solide sentiment d'appartenance à la communauté. Mais un peuple qui abandonne sa religion ancestrale pour se tourner vers la représentation idéalisée des traditions d'un autre peuple est perdu d'avance.

Parce qu'il ne pourra jamais vivre dans la peau de ce peuple, pour voir les choses comme eux et comprendre ce qu'ils ont compris depuis des siècles.

Prenons le cas du christianisme, qui est une religion créée par les Européens. Observez les dégâts que cette religion cause en Afrique.

Les Européens arrivent très bien à maîtriser leurs créations, ce qui n'est pas le cas en Afrique. Plus d'églises que d'entreprises, plus de pasteurs, que de médecins, d'enseignants, etc.

De nos jours, plusieurs Africains chrétiens sont capables de transformer une usine en église, et prier pour que Dieu leur donne du travail. Ils pensent que c'est Dieu en personne qui a pris le stylo pour écrire la Bible et croient aveuglément à tout ce qui s'y trouve. La seule chose dans laquelle on ne saurait vivre, c'est l'amour de soi et de son prochain. Un peuple qui ne s'aime pas n'aime pas ses semblables. Sans amour et un solide sentiment d'appartenance à sa communauté, la société s'égare. La religion ancestrale joue ici un rôle important dans la communauté. Car elle réunit, mais trop d'Africains renient tout ce qui les réunit :

Cheveux, prénoms, couleur de peau, culture, tradition, ongles, langues africaines, etc. ».

En Éburnie, chaque grande ville et village portent un nom tiré de la langue régionale qui est porteur de messages. Voici quelques exemples :

– Abidjan : « N'kotébidjan » mot qui signifie couper les feuilles en Ébrié, l'un des peuples lagunaires ;
– Adzopé : Qui a pour origine « Azépeuh » veut dire allons-nous cacher ;
– Broukro : Nom d'un village du centre de l'Éburnie qui veut dire village fondé par monsieur Brou ;
– Man : Mot de trois lettres venant du nom mandé, porté par une jeune fille qui fut sacrifiée par son père, pour la notoriété du village (peuple de l'ouest dit Yacouba) ;
– Lakota : Qui découle d'attroupements d'éléphants. Les éléphants sont ici, lieu regorgeant d'éléphants en Dida. Peuple du groupe Krou.
– Assikoi : Nom d'un village du groupe Akan qui mot pour mot, signifie « village appartenant à M. Assi ».

Pour ne citer que ceux-là.

Au vu de la provenance de ces noms de villes et villages de l'Éburnie, le mot Côte d'Ivoire qui désigne la mère patrie n'est en rien signifiant pour toutes les ethnies et langues pratiquées dans le pays. Il faut rendre à César ce qui est à César, et à Dieu ce qui est à Dieu.

Pourquoi éclipser l'Éburnie qui est propre à cette terre au profit de Côte d'Ivoire qui n'évoque aucune émotion à l'oreille de ces peuples ? Garder ses identités et travailler avec l'autre ne peut changer d'un iota le contenu et le résultat du travail.

Nous devrions comprendre que la conscience et l'intelligence sont simultanément les phares de l'histoire et le moteur d'une volonté. Faire abstraction à l'une, c'est plongé dans la perdition.

En ce moment encore, nous disposons d'une large possibilité pour apprendre et bénéficier de la sagesse de nos grands-parents. Comme le dit-on : un vieillard qui meurt est une bibliothèque qui brûle. Aujourd'hui, nous sommes la dernière génération dont parmi nous, quelques-uns s'expriment en patois sans un mot étranger et nous sommes privés d'outils de communication commune émanant de nos différents dialectes.

Comment, chez elles, plusieurs langues peuvent-elles se faire dominer par une étrangère ?

La colonisation n'est pas un mal en soi, mais certaines valeurs ne peuvent être sacrifiées éternellement. Il est donc temps que l'Éburnie dispose d'une langue nationale parlée et écrite par tous, comme en ont les autres pays du monde…

Sans tarder, je lance un défi. Et un grand défi, à ceux qui se disent grammairiens et linguistes africains.

Peu importe le domaine d'étude. Je vous exhorte à prendre place autour d'une table dans vos pays respectifs. Je crois que tous les patois et dialectes dont regorgent les républiques du continent noir constituent une véritable souche, voire un corpus et qu'on peut en sortir quelque chose de potable pour permettre à ces nations de communiquer et écrire. Nos patois sont à préserver et l'insécurité linguistique doit être combattue avec vigueur, comme l'insécurité des peuples se combat face aux terroristes du Sahel...

Les peuples reconnaîtront votre valeur. Ne pas sauvegarder et faire pérenniser nos outils de communication et nous permettre de mieux nous comprendre et évoluer ensemble, nous sera fatale. Ça serait de nature à considérer que parmi les bipèdes, nous sommes les seuls à trahir notre Histoire.

Aujourd'hui, le Chinois a tendance à prendre la première place de langue internationale face à l'anglais. Souvenons-nous, quelques années en arrière, ce gros pays avait une population affamée et faisait partie de ceux qualifiés d'en voie de développement. C'est de dire qu'avec détermination, nous y arriverons. Il faut y croire, et voir en ces levées de lièvres un cri d'alarme, un coup de gueule, un cri du cœur, et non une quelconque révolte contre les enseignements diffusés par le colonisateur à notre égard. Valorisons simplement nos acquis, mettons en surbrillance nos valeurs, soyons fiers de ce qui fait de nous ce que nous sommes. Comme l'avait dit André Malraux : « La culture, c'est l'ensemble des questions qu'une personne se pose devant son miroir. »

Ainsi, dans cette perspective et lancée, nous pourrions converger vers la création d'une langue commune parlée, et écrite par tous les Africains face à l'ouverture du monde.

Prenons conscience des effets bénéfiques et avantageux que peut nous procurer cette langue qui sera un bien commun. Ne pas réagir ainsi ou sous toute autre forme pour préserver les racines authentiques de nos moyens de communication serait une faute morale, qui fera naître des bégaiements dans notre histoire civilisationnelle.

En terre africaine, il serait malheureux et même honteux de procéder à l'identification des personnes désireuses de vivre dans un pays autre que le leur par carte de séjour. Chose qui relève une classification ou une exclusion partielle vis-à-vis de cette population non originaire du territoire.

Je crois qu'il faut aller chercher sans cesse dans les peuples, dans ce mélange de l'humanité joyeux ce qui peut le mettre ensemble. L'Eburnie est grande, parce qu'elle fait feu de tout bois en matière d'accueil des étrangers. Elle prend ses enfants comme ils sont, sans rien demander à ces dignes fils et filles de l'Afrique et d'ailleurs.

Elle veut seulement qu'ils se mettent au service du bien commun et qu'ils respectent les lois qu'elle a décidées pour elle.

Il n'y a pas de renaissance possible, il n'y a pas d'humanisme possible dans le rejet de l'autre et ses manières ; parce que la pensée humaine chemine à travers les secteurs, les voies, et les chemins qui lui sont ouverts. Chaque Africain et Africaine doit pouvoir et de manière libre circuler dans le continent, commercer entre les pays, et mener une vie définitive au sein de n'importe quel état de son choix. Il est à savoir et à comprendre qu'aucun ressortissant africain et africaine ne doit se sentir étranger(ère) dans un pays africain.

Mais, celui qui aurait choisi de manière délibérée de s'établir dans un pays autre que le sien a le devoir de se déclarer auprès des autorités dans un délai de trois mois, afin d'acquérir sa carte d'identité africaine.

Cette carte doit relever deux types d'informations ; à savoir :
– Celles du pays d'origine, ainsi que celles du pays hôte. Elle n'est valable, que dans le pays de délivrance, et elle doit permettre à son porteur de voyager, et de séjourner momentanément dans les pays membres de cet accord.
– L'acquisition de cette noble et unique pièce d'identité serait l'unique manière respectueuse et loyale d'identifier, qui permettra de dénombrer de façon exacte, les aimables personnes qui ont fait le choix d'une république pour y mener une vie paisible et harmonieuse.

Seule cette méthode apportera une fiable maîtrise des populations déplacées, et un moyen de régulation des flux migratoires.

Président Laurent Gbagbo

Son excellence, Monsieur le Président de la République de l'Éburnie.

Par cette note, je voudrais forcer votre amitié ; pas pour ma modeste personne, mais plutôt pour ce que vous incarner comme valeurs humaines et le fait de porter vigoureusement votre pièce aux biens communs et surtout au détriment de votre vie.

Monsieur le Président, en écrivant cet hommage ; mon cœur, mon corps et mes mains tremblent à vous rendre tout ce que je ressens. De tout ce que vous avez porté, et portez encore comme valeurs républicaines, de tout ce que vous avez pu enseigner, et laisser dans vos parcours et combats politiques, de tout ce que vous avez incarné, et brandissez à ce jour comme armes républicaines. Moi, je n'ai retenu et je ne retiendrai qu'une seule expression.

« Le jour où je tombe, enjambez mon corps et continuez la lutte… »

Monsieur le Président, je peux vous dire qu'à chaque fois que ma mémoire exhume cette expression citée plus haut, je me sens ragaillardi et fort comme un jeune lion. Par cette affirmation, on comprend vite que vous aviez une haute idée de l'Éburnie, et de toute l'Afrique noire. Et vous vous êtes efforcé tout le temps où cela vous a été possible de permettre à ce pays et aux peuples de ce continent d'atteindre la hauteur de votre pensée.

Aujourd'hui comme hier, le combat que vous appelez à continuer n'a jamais fait appel à une arme blanche, encore moins à une arme à feu.

Votre champ de bataille était et reste toujours autour de la table de négociation. Vos armes étaient et demeurent à ce jour, les affrontements d'idées, les comparaisons et les dénonciations. Enfin, votre cheval de bataille était et reste encore, la pertinence de programme sociétal, la mise en œuvre profonde de réformes mettant en surbrillance la liberté et « l'indépendance totale ».

Oui, indépendance qui depuis des siècles durant fut confisquée.

Par là aussi, est remarquable votre stoïcisme qui fait de vous un homme hors pair. Un homme rigoriste, aussi attaché aux stricts respects des règles morales, religieuses, que constitutionnelles. Chose que vous aviez affirmée et confirmée lors de votre exposé à l'ouverture de votre procès à la cour pénale internationale aux Pays-Bas.

Monsieur le Président, je peux vous dire et croyez-moi, que la dictature forge sa force à la tolérance de la démocratie. Que votre lutte fût, et reste encore, celle de beaucoup des populations dans le monde de l'Afrique noire.

Aujourd'hui, nous savons tous ; que ce monde moderne et ses bandits politiques ont fait que les mots n'ont plus d'âmes. Ils ont perdu leur sens et leur pouvoir pour devenir de simples produits. Nos propriétés sont les leurs, et il nous appartient de travailler pour eux. Parce que, la faiblesse d'esprit de certains parmi les frères, amis, et adversaires politiques peu imprégnés dans les causes libératoires qu'on peut juger de diplômer non éduqués leur permet de détruire la structure sous-jacente de nos constitutions et jeter des nations et des vies humaines en pâture. Ainsi vulnérables, ces républiques se voient déshabillées de toute dignité face au reste du monde.

La grave conséquence est que ces frères et amis d'hier qui n'étaient que des adversaires politiques, désormais se toisent sans relâche et se voient en éternels ennemis. Cet acte qui de plus, fragilise la cohésion et menace la stabilité de la république ; porte entrave à la société de retrouver son aplomb.

Monsieur le Président, par ces écrits, je viens vous dire que vous n'êtes pas l'homme du destin ; mais plutôt celui de la grâce. Aussi, par ces écrits, permettez-moi d'apporter à vos yeux mes piètres armes peut-être mal affûtées face à ce géant combat que vous aviez amorcé depuis les premières heures de votre prise de conscience.

Combat qui a volé et dévoré la majeure partie de votre existence. Combat qui devrait être celui de tout être humain digne de cette qualification.

Loin de toute confession religieuse pour ne voir en cela une quelconque prophétie, seule la conscience me porte à juger que tout ce que vous aviez subi et traversé par le passé, et continuez de subir à présent, ne sont que vos prédestinés. Et que face à ces épines, aucune entrave ne pouvait se dresser...

Mais, soyez-en fier. Car, ces avènements font de vous, le point équinoxial de l'histoire de notre nation. Ils étaient assurés que vous étiez incapable d'endurer pareille épreuve. Aujourd'hui, le contraire est affirmé et confirmé devant la planète entière.

Nous ne devrions pas oublier que notre destin est, et sera de combattre de manière pacifique, l'homme pour lequel nous avons le plus grand respect, et cela au nom de notre liberté, et rien que notre liberté. Nous, peuples d'Afrique ; déterminés pour l'indépendance totale qui est aujourd'hui largement incarnée par la nouvelle génération, nous sommes convaincus de pouvoir continuer à assumer la poursuite de ce noble combat jusqu'à la victoire et à la libération totale comme cela était, et reste encore pour vous, et pour le peuple un vœu pieux.

... Remède et réconfort de tout mal, avec le temps tout se découvre : les mensonges les plus enfouis, les vérités et les raisons les plus justes finissent un jour par mettre à nu les amis les plus hypocrites...

Moi, je crois être condamné. Profondément condamné dans ma vie. Ma culpabilité est de pouvoir depuis mon lieu de naissance ; de comprendre, de savoir, de voir ce que fait, et dit l'autre, sans pouvoir emprunter des voix dites normales du fait de ces actions. Tout s'accorde à affirmer et à confirmer qu'on nous enseigne des théories qui sont fortement démenties par les effets du maître. En effet pour finir, je m'en vais vous dire que, vous avez tout fait, tout vu, et tout donné à la république et son contenu. Que jamais vous ne serez oublié. Vous serez retenu à la mémoire de la république de l'Éburnie. Et qu'en gras, votre nom sera gravé sur les édifices et pylônes de la Nation.

Oui, Laurent Gbagbo ; l'homme qui n'a rien, et qui ne veut rien, l'homme qui n'a rien et ne craint de rien perdre, l'homme qui ne possède rien et possède tout pour son peuple et pour son continent. Aujourd'hui, le nom Gbagbo ne se résume plus à votre seule simple personne. Mais, la souvenance de ce mot à deux syllabes a désormais pris place d'institution, de légende, et de première leçon dans les replis de nos mémoires.

Conclusion

Pour terminer, je crois que tout être humain digne de cette qualification et à qui les ascendants ont assigné des valeurs, quelles que soit son importance, son influence et sa richesse ; ne pourra mieux se sentir que dans le cocon des valeurs vraies dont il s'imprègne.

Moi, je venais en occident dans le seul but de pouvoir être utile à ma famille, à mon village, à ma région, et à ma chère patrie l'Éburnie, sans perdre le regard sur mon continent.

Mais, pour de multiples facteurs que je ne peux ici exposer, ne m'ont pas permis d'atteindre convenablement les objets adéquats pour mieux affûter mes armes, afin de m'octroyer à apporter de manière rationnelle et efficace, ma piètre contribution à l'édifice de ma nation.

Par conséquent, face aux multiples conflits postélectoraux qui ne cessent de gangrener mon continent et causent tant de dégâts autant en biens matériels qu'en perte de vies humaines ; ma conscience, mon esprit et mon cœur, ne cessent de me harceler, de m'assaillir, me traitant d'inconscient et d'irréfléchi.

De vouloir tenter de ne rien faire. Et que les méthodes et les manières pratiquées ne sont nullement compatibles avec notre nature. Mon cerveau est devenu un lieu de dispute de ma propre engueulade. Je me trouve en conflit permanent avec ces substances qui font de moi l'humain que je suis. Je subissais mes pensées, elles s'imposaient à moi et je ne les dominais plus.

Mon corps est devenu, pour eux, un champ de bataille.

Finalement, mon intériorité a pris une distance par rapport à mon existence réelle. Ils ne cessaient de me répéter que si j'ai de la voix pour éduquer mes enfants, des manières pour défendre ma famille, je devrais en avoir des restes pour mon village, ma région et ma patrie. Et là, par une bénigne crise qui m'a certainement injecté un syndrome de réflexion, je me suis mis à écrire.

Comme je le dis et le répète tantôt : tout acte que l'on pose dans son existence ne peut être parfait. Mais, il est parfois mieux de laisser des pensées de nature à faire souche, que de vouloir brandir soit même le trophée sur la haute marche du podium. Ainsi, il fallait coûte que coûte libérer mon cœur, ma conscience, et mon esprit, afin de continuer à mieux les porter et demeurer parmi vous. Car, ceci est de leur accouchement…

Seule mon âme s'est soustraite de toute intervention. Parfois, elle se rangeait à mes côtés et me conseillait de ne guère m'aventurer sur ce terrain. Parce que, trop de risques pour la vie de ma famille et pour ma personne, pour la simple raison de mon franc parlée. Moi, je crois que je n'ai pas tort d'évoquer ces sujets handicapants qui constituent les débris et les fautes profondes de la vie des peuples d'Afrique et d'ailleurs. L'erreur serait de les avoir dénoncés.

Car, chez certains ; c'est la pression, la peur, et la violence qui sont célébrées. Et que pour eux, l'écritoire se convertit facilement en glaive. Ils oublient que créer un parfum d'ordre moral ne peut nuire à une personne donnée, ou tuer une nation.

Moi, je m'exprime de ce qui fait la faille de la société, et nous enfermera dans le futur. Parce que ce monde est sale de bêtises.

Novice en politique ; je ne me voyais guère m'aventurer sur ces lieux pour porter le moindre critique. Mais, pour la liberté d'esprit, pour la quiétude et l'équité envers moi-même ; obéissant à la conviction de ma conscience, je ne pouvais que m'exprimer ainsi.

Là aussi, je crois que l'honneur et la liberté se définissent comme sans entrave, de pouvoir dire ce que l'on pense et faire ce que l'on veut ; sans piétiner les lois de la république. Ne percevant aucune application stricte et rigoureuse d'aucune constitution qui guide nos peuples ; puisque tout semble être bafouillé à force de la travestir par des révisions injustifiées ; si ces thèmes et ces propositions ici évoqués sont déjà existants, alors je m'incline. En ces conditions, leurs applications me semblent bien loin d'être réelles. Il faut voir que cette démocratie africaine vieillissante est bien fatiguée, a besoin de profondes réformes. Qu'il vaut donc mieux changer de penser, que de changer le pansement. Car, le véritable échec et le seul vrai, c'est de ne rien essayer de peur d'échouer.

Je présente solennellement mes excuses les plus profondes et les plus sincères à toutes personnes dont, de près ou de loin, mes écrits ont atteint, d'une manière ou d'une autre, la dignité. De croire que cela n'est aucunement dirigé à son encontre. Néanmoins, voici tel que je veux l'Éburnie, ma patrie, tel que je veux l'Afrique, mon continent. Ceci est pour moi, comme pour signer un traité de paix avec mon pays et ma vie, pour la vie…

Messieurs les présidents africains, laissez-moi donc croire que le contenu de cet ouvrage n'est pas parti pour rejoindre ce qui se nomme le grand cimetière des idées mortes.

Parce que les idées construisent le futur.

En ces temps modernes et ces outils ; vite on comprend et on voit la nudité du pouvoir. Cette politique de soumission que vous pratiquez au profit du maître et de nauséabonde au détriment de vos peuples, avec son cortège de misère n'est rien d'autre que d'œuvrer dans la criminalité au sein du paysage humain.

Le politique, le vrai, doit refléter la vérité et appartenir au cercle de la raison. Ensemble, posons-nous la question de savoir pourquoi sommes-nous nés « ici et en même temps » à cette époque ?

Moi, ma réponse est : parce que nous formons une seule famille de cette partie du temps de l'humanité. Cette famille dont vous, hommes politiques, sollicitez et voulez incarner le tutorat. Alors, soyez des autorités normales, dignes de confiance.

Gouverner est chargé de multiples facteurs lourds de sens.

Avoir le pouvoir, c'est l'art de s'habiller des problèmes de son peuple. Alors, ne lorgnez pas que l'autorité et son côté jouissif. Le devoir franc, et le vrai devoir envers le peuple octroie le plein pouvoir et la jouissance en découle.

Je vous prie de ne pas regarder que dans le cœur du plus proche, mais plutôt dans celui de l'ensemble des peuples, et d'y créer une amitié de fidélité éternelle.

Je vous exhorte à cesser d'incarner la vérité du mensonge ; à veiller sur la paix des ménages, et à regarder votre Nation comme le royaume des cieux, afin de toujours travailler au mieux avec votre cœur pour des anges qui, ici, sont les peuples ; à l'esprit du patri du ciel. Ceci vous sera utile au tribunal de repentis.

Je vous invite donc à vous poser une simple question dans votre carrière politique : qu'est-ce que je dois à mon peuple ?

Et non, qu'est-ce que je dois faire pour conserver le fauteuil de mon peuple ? Puis, de façon positive, faites faire sédimenter au plus profond de votre peuple, votre passage dans la sphère politique de votre république...

Soyez des hommes pudiques, bosseurs et pointilleux. Soyez des personnes humbles et de sociabilités heureuses. Ceci vous mènera droit vers le rédempteur...

Moi, j'ai écrit ce livre pour des personnes intelligentes qui ont une foi profonde en l'humain, qui peuvent donc se dire politiques. Car, les résonances que propagent ces écrits sont de nature à faire appel aux armes.

Oui, aux armes humanistes, culturelles, cultuelles ; aux armes de responsabilités, de droits, et de dignités. Oui, toutes ces valeurs qui portent des âmes fortes et fondent en nous l'instinct humain, et qui font de nous ce que nous étions, et par conséquent qui nous condamnent indissolublement et à jamais à être ce que nous sommes, doivent toujours nous servir de boussole. Ceci est pour moi la manière de verser aux débats mes pistes de réflexions...

Remerciements

Je remercie mon père et ma mère qui, pendant des décennies de travail assidu, ont fait de moi ce que je suis. Ce bouquin est de leur accouchement.

Je ne peux oublier ma femme et mes aimables enfants qui jour et nuit m'encouragèrent, afin de continuer à écrire pour voir un jour leur père dans le cercle des écrivains africains.

Mes remerciements au professeur Franklin Niamsy.
Ce géant, cette icône de sa génération, qui a donné les premiers échos retentissants à cet ouvrage.

Je remercie M. et Mme Kangah qui m'ont ouvert leurs cœurs et les deux battants de leur appartement pour ma première nuit en Europe.

Mes remerciements à monsieur Christian Sébath. Ce voisin devenu près qu'un frère s'est vu frappé à la première lecture par les mêmes émotions. Aussi soucieux du marasme qui plonge l'Afrique noire dans un engloutissement de somnolence éternelle, m'a apporté son humble contribution.

Mes remerciements à M. et Mme Kouao qui m'ont apporté tant de soutien et d'encouragements.

Aussi, tous mes remerciements sont à l'endroit de monsieur Mesmer Agnan. Cet homme au cœur d'agneau était aussi là avec ses encouragements et conseils.

Enfin, je remercie toute personne qui aurait pris la peine d'ouvrir ce bouquin et parcouru quelques phrases, ne serait-ce que pour quelques secondes. Car, toucher un objet parmi tant d'autres est déjà un choix qui est une appréciation première.

Table des matières

Imprimé en France
Achevé d'imprimer en avril 2024
Dépôt légal : novembre 2023

Pour
Le Lys Bleu Éditions
40, rue du Louvre
75001 Paris